rüffer & rub

Iso Camartin

Warum Johann Sebastian Bach keine Oper schrieb

Der Autor und der Verlag bedanken sich für
die großzügige Unterstützung bei

Kulturförderung Graubünden. Amt für Kultur
Promoziun da la cultura dal Grischun. Uffizi da cultura
Promozione della cultura dei Grigioni. Ufficio della cultura
SWISSLOS

Stiftung STAB

Elisabeth Jenny-Stiftung
Internationale Bachgesellschaft Schaffhausen

Mit Unterstützung einer weiteren Stiftung
und weiteren, nicht genannt werden wollenden Personen

Der rüffer & rub Sachbuchverlag wird vom Bundesamt
für Kultur mit einem Strukturbeitrag für die Jahre
2021–2024 unterstützt.

Bildnachweis Umschlag, Kapiteltitel:
© Panther Media GmbH / Alamy Stock Photo
Bildnachweis Porträtfoto des Autors:
© Felix Ghezzi

Erste Auflage Frühjahr 2022

info@ruefferundrub.ch | www.ruefferundrub.ch

Schrift: Arnhem, Avenir Next
Druck und Bindung: Livonia Print Ltd., Riga
Papier: Munken print white, 90 g/m², 1.8

ISBN 978-3-906304-96-0

Inhalt

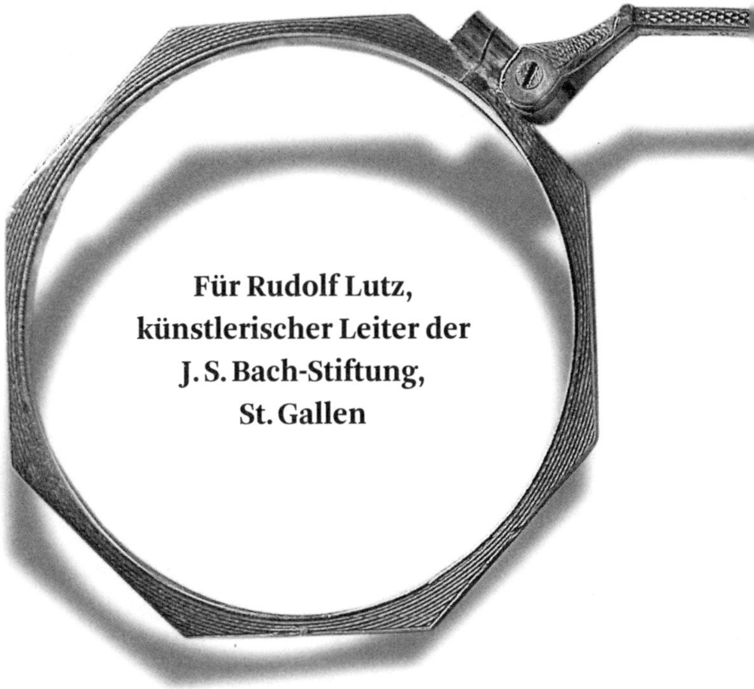

Für Rudolf Lutz,
künstlerischer Leiter der
J. S. Bach-Stiftung,
St. Gallen

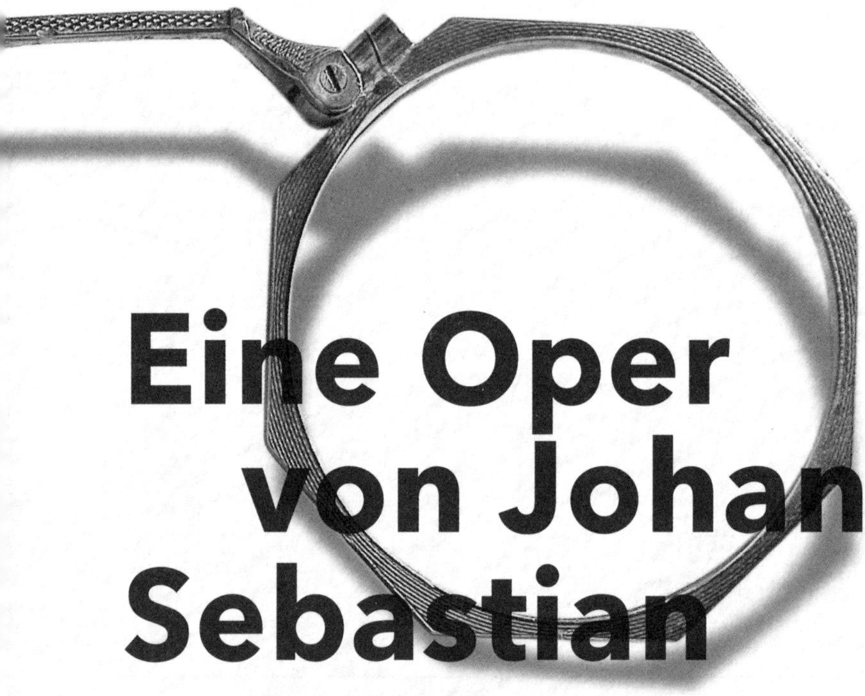

Eine Oper von Johann Sebastian Bach: Eine historische Fiktion?

Der von zahlreichen Musikliebenden am höchsten verehrte Tonkünstler unserer westlichen Zivilisation hat keine Oper geschrieben. Und dies, obwohl gerade in der ersten Hälfte des 18. Jahrhunderts die Oper eine Blütezeit sondergleichen erlebte! In Italien, in Frankreich, in England und auch in Deutschland. Dass jedoch höchst Dramatisches, ja geradezu Opernhaftes sich in Bachs weltlichen und geistlichen Kantaten, in seinen Passionen, in Ouvertüren und Tänzen, in Rezitativen und Arien befindet, die uns täglich beglücken, ist nicht nur den Spezialisten von Barockmusik bekannt. Sogar den Laien und Liebhabern der Musik J. S. Bachs liegt dies unverlierbar in den Ohren.

Man hat in letzter Zeit immer wieder Versuche unternommen, Bach auf die Bühne zu bringen. So gibt es Produktionen einzelner Kantaten als inszenierte Bühnenwerke oder als Tanztheater. Es gibt die Passionen als halb szenische Realisationen in Kirchen und Konzertsälen. Bachs Musik dient zudem als Hintergrund zu Filmen: 1964 hat Pier Paolo Pasolini die »Matthäuspassion« – mit Musik von Bach und einigen anderen – als eindrückliches Erlebnis für den Kinosaal realisiert. Im Jahr 2010 konnte man in der Berliner Philharmonie eine bewegende halb szenische Aufführung der »Matthäuspassion« erleben, verantwortet von Simon Rattle und Peter Sellars. Diese Aufführung machte die Philharmonie auf einen Schlag gleichzeitig zum »Dom« und zu einer der wichtigen Theaterbühnen Berlins. Freilich gibt es auch weniger geglückte und beglückende Versuche mit Bach: Neuerdings konnte man seine Musik in der Hamburger Staatsoper als lüsternes »Bach-Bankett« erleben, zentriert um die Bereiche »Fressalia und Sexualia«. Aktualisieren und dem Zeitgeschmack anpassen lässt sich offenbar beinah alles. Selbst Bach!

Für Bewunderer und Verehrer der Musik von Johann Sebastian Bach bleibt jedoch die Frage, weshalb sich Bach während seines ganzen Lebens nicht an einer einzigen großformatigen Oper versuchte. Denn seine bekannten Zeitgenossen Georg Philipp Telemann und Georg Friedrich Händel sowie seine damaligen Kollegen und Konkurrenten, beispielsweise an den Höfen von Dresden und Darmstadt, setzten sich mit Begeisterung für das Operntheater ein. Gab es nicht auch in der Stadt Leipzig eine Tradition des Musiktheaters, als Bach dort seine Tätigkeit als Thomaskantor aufnahm? Und wusste Bach wirklich nichts von den Opernerfolgen seiner damals sicherlich nicht weniger berühmten Zeitgenossen Reinhard Keiser und Telemann in Hamburg, Johann Adolph Hasse in Dresden, oder gar von Händel in London?

Bach selbst hat im sogenannten Parodieverfahren oft seine »weltlichen« Kantaten – entstanden zu Geburtstagen, Jahrestagen und ähnlichen höfischen und stadtbürgerlichen Festlichkeiten – als geistliche Musik wiederverwendet. Wäre nicht auch der umgekehrte Weg denkbar und gangbar? Ließen sich aus dem reichen Schatz seines Gesamtwerks – aus den an die 200 erhaltenen Kantaten zu den Sonn- und Festtagen des Kirchenjahres, aus den Kirchenstücken für besondere Anlässe sowie aus seinen weltlichen Kantaten – nicht eine Fülle von Geschichten opernhafter, ja sogar unterhaltsam-komödiantischer Natur vorstellen und ausdenken?

Aus Bachs Biografie wissen wir, dass er in seinen Jahren in Leipzig ab 1730 relativ konfliktreiche Auseinandersetzungen mit Vorgesetzten und Behörden auszufechten hatte. Auch Fachkollegen griffen ihn an, zumal mit dem Argument, seine Musik sei zu schwierig, zu komplex und zu wenig »volksnah«. Wäre da nicht der Augenblick für ihn gewesen, sich nicht weiterhin mit Kirchen- und Schulbehörden, mit Stadtbeamten und pedantischen Kleingeistern herumzuschlagen – und eilends in die Arme der Theatermuse zu flüchten?

Wie hätte man sich denn überhaupt Art und Eigenart einer Bach-Oper vorstellen können, inmitten der unaufhörlichen kirchenmusikalischen Verpflichtungen, von denen der Meister – jedenfalls in den ersten Leipziger Jahren – umgeben, ja umstellt und bedrängt war? Wo müsste man die Inspirationen fürs Musiktheater in seinem Fall überhaupt suchen? Etwa – die komischen Stoffe betreffend – in den frühen »Teutschen Schau-Spielen« und den »Ernst-Scherzhafften und Satyrischen Gedichten« des unter Bachs Textlieferanten aus der Leipziger Zeit überaus wichtigen Christian Friedrich Henrici alias Picander? Dieser schrieb ja zahlreiche Texte für Bachs geistliche und weltliche Kantaten, unter anderem auch die ergreifend dramatische Textversion der »Matthäuspassion«. Daneben verfasste dieser Mann noch viel anderes als nur Sammlungen von »erbaulichen Gedanken« zu den Sonntagen des Jahres. Er schrieb Komödien, die da hießen »Der Akademische Schlendrian«, ein anderes Stück mit dem Titel: »Die Weiber-Probe, Zur Erbauung und Ergötzung des Gemüths entworffen« oder ein drittes mit dem Titel »Der Säuffer« (1726). Zudem gibt es von Henrici ein Buch mit dem Titel »L'Art de baiser, Das ist Die Kunst zu küssen nebst einem Unterricht von allen dabey vorfallenden Umständen«. Lag da nicht ein verborgener Schatz an komödiantischen Opernstoffen vor, zu welchen Bach doch leicht die Musik hätte schreiben können, wenn es ihn danach gelüstet oder jemand ihn dazu ermuntert, gedrängt oder gar bezahlt hätte?

Aus diesen zahlreich vorhandenen zeitgenössischen Stoffen der damaligen Leipziger Dichter wäre gewiss eine dramatische Handlung für die Musikbühne zu entwickeln gewesen. Diese hätte womöglich sogar dem realen Leben abgeschaut sein können. So kann man sich doch vorstellen, wie die Frauen um Johann Sebastian Bach in der angefeindeten und misslichen Arbeitsatmosphäre des Meisters diesen aufzuheitern versuchten, seinen Ärger vertreiben und ihn wieder lebensfreudig stimmen wollten. Etwa nach dem Muster von William Shakespeares »Die lustigen Weiber von Windsor« oder von Molières »L'école des femmes«. Könnte man sich nicht eine herrliche »Opera comica« aus den 30er-Jahren des 18. Jahrhunderts vorstellen, basierend auf authentischer Bach-Musik – Arien, Duette, Ensembles, Chöre – mit angepassten Texten und mit neuen, im Bach-Stil komponierten Rezitativen?

Nachteil eines solchen Konzeptes wäre freilich, dass der historische Bach selbst als Bühnenfigur im Zentrum stehen würde. Dies selbst dann, wenn er als abwesende Person, um die sich alles dreht, nur aus der Perspektive der ihn umsorgenden Frauen präsent geworden wäre. Es schien bei näherem Nachdenken von vornherein indezent und geradezu das Blasphemische streifend, Bach selbst auf die Bühne und in eine Komödie versetzen zu wollen und den Meister zum Spielball noch so wohlwollender Frauenintrigen und Weiberlaunen zu machen. Eine echte Bach-Oper hätte mit Sicherheit ganz anders ausgesehen, hätte es diese je gegeben.

Andererseits war Bach jedoch mit mehreren im barocken Opernmilieu der deutschen Fürstenhöfe tätigen Musiker- und Dichterkollegen bekannt, mit einigen von ihnen nahezu befreundet. Da kann man sich doch leicht vorstellen, Christoph Graupner in Darmstadt, Keiser in Hamburg, Hasse in Dresden oder eben der dichtende Henrici in Leipzig hätten den Meister überreden können, sich doch auch an ein Bühnenwerk zu wagen. Vielleicht haben sie es ja sogar versucht, doch Bach hat den an ihn herangetragenen Wünschen nicht Folge leisten wollen, viel beschäftigt wie er war als Thomaskantor, Organist, Collegium-Director und weit herum gefragter Gutachter für alte und neue Kirchenorgeln. Dass er als königlicher Hof-Compositeur für das opernfreundliche Dresden aufgrund seiner guten Beziehungen zum sächsischen Hof eine Oper hätte schreiben können, ist allerdings mehr als nur denkbar.

Eine kühne Überlegung für uns Heutige wäre, ob man nicht hochbarocke erstklassige Dichterwerke, etwa Pedro Calderóns »La vida es sueno« oder dessen »Teatro del mundo« zu einer Oper – vollkommen auf Bach-Musik basierend – umgestalten könnte. Weiß die Kulturgeschichte nicht von vielen solchen genialen Umformungen? Beide Calderón-Stücke sind wunderbar, aber auch so komplex und figurenreich, dass man, diesen schönen und hehren Gedanken fortspinnend, bald einmal die Waffen strecken muss. Die Aufgabe eines Librettisten und Arrangeurs, der die Texte Calderóns mit Bach'scher Musik stimmig zu verbinden vermöchte, scheint überirdisch schwierig. Die Fusion von Calderóns Text mit Bachs Musik ist etwas, das allenfalls der Meister selbst zustande gebracht hätte. Zudem bleibt da der Verdacht, dass es, trotz Bachs wundersamer und wohl auch für ein katholisches Milieu gedachter »h-Moll-Messe«, für einen überzeugten Protestanten und Lutheraner, wie Bach es nun einmal war, ein Skandalon gewesen sein könnte, wenn seine Musik für ein »auto sacramental« – das heißt für ein »Fronleichnamstück« eines hoch poetischen, aber mystisch-katholisch eindeutig positionierten Dichters – verwendet worden wäre. Man kann zwar immer noch der Ansicht sein, dass es eine fantastische Idee ist, Calderón und Bach als freie Geister im Umgang mit Sprache und Musik miteinander zu verbinden. Vor den Tücken einer derartigen Herausforderung kann man im Grunde jedoch nur kapitulieren!

Gäbe es dennoch einen noch unbegangenen, möglichen Weg, um einmal eine Bach-Oper in unserer Zeit zu hören? Diese Fiktion und Träumerei müsste zumindest eine plausible Einbettung in historisch bezeugte Gegebenheiten aufweisen. Doch: Ist eine solche überhaupt denkbar?

Dies nunmehr ist keine Fiktion, sondern ein Faktum: Im Jahr 1749 (also ein Jahr vor Bachs Tod) wandte sich der wohlhabende Reichsgraf Johann Adam von Questenberg über einen Mittelsmann an Bach mit der vermutlichen Bitte um ein

Auftragswerk. Dazu liest man in Christoph Wolffs Bach-Monografie: »Questenberg, ein kultivierter und enorm wohlhabender Patrizier mit Residenzen in Mähren, Prag und Wien, war selbst aktiver Lautenspieler und pflegte Beziehungen zu Musikern wie Johann Joseph Fux, Antonio Caldara, Francesco Conti und später auch zu Christoph Willibald Gluck. In seiner etwa hundertdreißig Kilometer nordwestlich von Wien gelegenen Hauptresidenz, der großen Schlossanlage zu Jaromerice, unterhielt der Reichsgraf eine namhafte Kapelle, die regelmäßig Kammermusik spielte, aber auch Opern und Oratorien aufführte. [...] Was immer Questenberg von Bach wollte – wahrscheinlich ein Auftragswerk oder ein Gastspiel, und dies zweifellos gegen ein großzügiges Honorar – das Unterfangen scheiterte noch im Ansatz, denn bei Bach stellten sich gegen Mitte 1749 ernsthafte gesundheitliche Probleme ein.«

Da Bach krankheitshalber den Auftrag nicht mehr an- und wahrnehmen konnte und im Jahr 1750 bereits starb, darf man sich doch vorstellen, dass Graf Questenberg seinen Hofbibliothekar mit einem heiklen, aber ihm wichtig scheinenden Projekt betraut haben könnte. Zusammen mit dem Hofmusikus und Leiter der fürstlichen Kapelle sollte dieser dafür sorgen, dass aus den ihnen verfügbaren oder allenfalls auch neu zu erwerbenden Werken des großen Bach ein für die Opernbühne taugliches Projekt »zusammengebastelt« werden könnte, mit dem die Gäste des Grafen auf Schloss Jaromerice im Verlauf des nächsten geplanten Sommerfestes unterhalten werden sollten. Vielleicht eine Opera semiseria, vielleicht ein vergnügliches musikalisches Pastiche, vielleicht sogar ein Ballett. Und dies mit den dafür vorhandenen und den zusätzlich anzuheuernden Spezialkräften und Solisten der Residenzkapellen der Umgebung, die die Musiker der eigenen Hofkapelle ergänzen sollten.

Nehmen wir einmal an, der Hofmusiker und der dichtende Bibliothekar von Jaromerice hätten sich darauf geeinigt, ihrem Dienstherrn für sein Hoftheater eine Opera semiseria vorzuschlagen mit dem barocken Titel: »Der Wettstreit der Leidenschaften«. Darin sollten die beiden Höflinge in leichter und vergnüglicher Weise zur Darstellung bringen, welche Leidenschaften die Menschen am heftigsten bewegen, am härtesten plagen, am allermeisten bezaubern. Die Passiones animae – die Leidenschaften der Seele – sollten als menschliche Allegorien auf der Bühne erscheinen, verkörpert durch Sängerinnen und Sänger, in bestimmten Momenten auch durch Tänzerinnen und Tänzer. Ein Chor sollte dabei in Doppelfunktion als Vertreter kollektiver Überzeugungen und Geschmacksrichtungen einerseits, dann aber auch als Jury im Wettstreit fungieren, also als eine Art »Tribunal der Affekte« im Wettstreit um Schönheit und Wahrheit.

Eine Bedingung freilich sollte strikt eingehalten werden: In den Arien, in den Ensembles und in den Chören dürfte nur Musik von Johann Sebastian Bach erklingen. Einzig für die Chöre und Arien verbindenden Rezitative sollte es erlaubt sein, handlungsbestimmte Teile neu im Stil von Bachs Kunst und Praxis des Rezitativs hinzuzukomponieren. Gestattet sollte zudem das Parodieverfahren sein: Es durften also kirchliche Kompositionen zu weltlich-laizistischer Verwendung herangezogen werden, wie es Bach so oft und erfolgreich ja selbst praktiziert hatte, freilich meistens in umgekehrter Richtung. Denn es ging ihm ja auch darum, seine fabelhaften weltlichen Festmusiken und Aufträge vom einmaligen Verwendungszweck zu befreien und sie in den wiederkehrenden Zyklus des Kirchenjahres einzugliedern.

Aus den Moral- und Tugendbüchern der reich bestückten Hofbibliothek von Jaromerice sollte der Bibliothekar zunächst eine Liste weltbewegender Leidenschaften erstellen, bestehend aus Tugenden, Lastern und stimmungsbedingten Grundbefindlichkeiten des männlichen und weiblichen Lebens. Was der Hofbibliothekar dann auch tat, und bald einmal aufgrund seiner Recherchen in der Hofsammlung zu folgender Aufstellung gelangte:

Positiv markierte Haltungen: Glaube, Hoffnung, Liebe, Tapferkeit, Gerechtigkeit, Klugheit, Mäßigkeit, Geduld, Sanftmut, Großmut, Demut, Gehorsam, Beharrlichkeit, Keuschheit, Eintracht, Pietät, Trauer, Mitleid, Lebensfreude, Enthusiasmus, Einsatzbereitschaft, Dankbarkeit.

Negativ markierte Haltungen: Hochmut, Neid, Völlerei, Geiz, Trägheit, Wut und Zorn, Wollust, Unglaube, Verzweiflung, Feigheit, Ungerechtigkeit, Unbeständigkeit, Trotz, Zwietracht, Hass, Misstrauen, Falschheit, Spottsucht, Grausamkeit, Besessenheit, Schwärmerei, Dummheit.

Für diese Vielzahl von seelischen Dispositionen, Affekten und Leidenschaften gibt es nun in Bachs Kantatenwerk reichlich Spuren, und zwar in Arien und Rezitativen, in Ensembles und in Chören. Der erste Schritt für die Erstellung eines Librettos zu einer Bach-Oper mit dem Thema »Der Wettstreit der Leidenschaften« musste für die beiden Beauftragten des Grafen darin bestehen, das zugängliche Material aus dem Kantatenwerk Bachs zu durchforsten. Wäre eine Auswahl an den von einzelnen Leidenschaften geprägten Musikstücken erst einmal eruiert und etabliert, sollte die nächste, weit schwierigere Aufgabe folgen: aus diesen Materialien ein möglichst vergnügliches und aus der Sicht des Auftraggebers von Bachs Musik pulsierendes Libretto zu bauen, damit die auf Schloss Jaromerice geladenen Gäste in den Genuss einer Geschichte mit Hand und Fuß kämen, unterlegt und getragen von der schönsten Musik, wie sie nur Meister Bach zu komponieren imstande war. Danach sollten und mussten – in einem dritten Schritt – neue, als Rezitative im Bach-Stil zu komponierende Verbindungstexte gefunden und alternative Varianten und Abwandlungen zu bestehenden, von Bach bereits vertonten Texten gefunden werden.

Die Aufgabe der Nachfolger jenes imaginierten Hofmusikers und jenes ebenso erfundenen Hofbibliothekars von Jaromerice in den Diensten von Graf Questenberg wird auch heute nach inzwischen jahrhundertelanger Forschung zu Werk und Wirkung von Bach keine leichte werden. Dies ahnt jeder, der sich mit Bachs Musik ernsthaft beschäftigt. Es bleiben geradezu unabsehbar viele Dinge zu klären und aufzuarbeiten. An erster Stelle die vorhandenen historischen Fakten über Bachs Beziehung zur Opernwelt. Danach muss die Suche nach plausiblen Gründen beginnen, wie es wohl dazu gekommen sein mag, dass Johann Sebastian Bach selbst nie den Versuch machte, im Stil seiner Zeit eine Oper zu schreiben. Was stand dem wohl entgegen? Was mag ihn davon abgehalten haben, sich mit den modisch gefragten Opernkomponisten seiner Umgebung und seiner Zeit gerade auch in diesem Genre zu messen? Könnte es sein, dass eine eigentliche »Oper« von Johann Sebastian Bach nur ein ausgedachter Wunschtraum von uns Nachgeborenen ist und auch ein solcher bleiben wird?

Machen wir uns also in historisch achtsamer Erkundung der Bach-Zeit auf den Weg, um zu klären, warum der absolute Meister so vieler musikalischer Ausdrucksformen nie eine Oper schrieb.

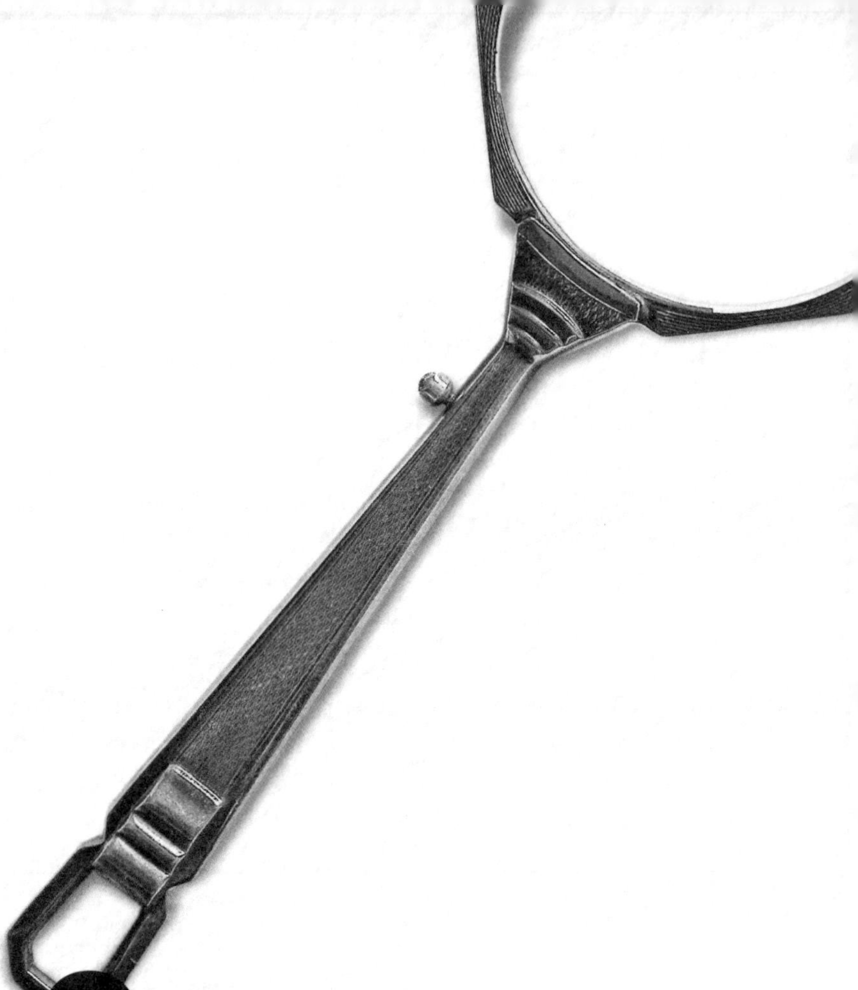

Opern-spuren in Bachs Biografie

Trotz sorgfältigen Zusammentragens aller Lebensdokumente und trotz jahrhundertealten Forscherfleißes in der Sichtung und Interpretation der vorhandenen Quellen zu Johann Sebastian Bach: Die Informationen, die wir über sein persönliches Leben haben, sind nach wie vor spärlich. Der Musikwissenschaftler und Bach-Forscher Christoph Wolff hat in seiner großen Bach-Monografie die vorhandenen biografischen Quellen aufs Gewissenhafteste sondiert, zeitlich eingeordnet und zur Werkgeschichte in Beziehung gesetzt. Das Forscherpaar Robert und Traute Marshall hat vor wenigen Jahren eine Dokumentation veröffentlicht, in der alle Orte, die Bach im Verlauf seines Lebens mit Sicherheit oder zumindest mit einer gewissen Wahrscheinlichkeit aufgesucht hat, akkurat verzeichnet und kommentiert sind.

Was J. S. Bachs Berührungsmöglichkeiten mit der Oper betrifft, kommen selbstverständlich die großen Städte infrage, in denen er im Verlauf seines Lebens wirkte, oder die er zumindest als reisender Orgelvirtuose und Experte für Tasteninstrumente besuchte. Zudem ist zu bedenken, dass auch einige fürstliche Höfe, für die Bach tätig war, musiktheatralische Aufführungen praktizierten. Wir werden hier anhand von Bachs Biografie überlegen, wie und wo es für ihn Schnittpunkte und Begegnungsmomente mit den Opernbetrieben seiner Zeit gegeben haben könnte.

Dass der Schwerpunkt von Bachs musikalischer Ausbildung und seiner Tätigkeiten als jugendlicher Chorsänger (»Concertist«), als virtuoser Instrumentalist und als eifriger Neuschöpfer von Musik der kirchliche und der schulische Bereich waren, liegt auf der Hand. Andererseits ist es schwer vorstellbar, dass dieser einer alten Familientradition von Kirchen- und Stadtmusikern entstammende Mann sich nicht auch für die weltlichen Arten des Musizierens interessiert hätte. Musik umfasst, durchdringt, begleitet, verschönert und verändert alle Lebensbereiche. Jedenfalls steht fest, dass Bach in Leipzig ab 1729 die Aufgaben des Direktors des »Collegium Musicum« und ebenso jene des Musikdirektors der Universität mit durchaus weltlich-unterhaltenden Programmen gerne wahrgenommen hat.

Es ist nicht anzunehmen, dass es für Bach an seinen frühen Lernstätten – Eisenach, Ohrdruf und Lüneburg – große Berührungsmöglichkeiten mit der Welt der Oper gegeben haben könnte. In der Musikbibliothek der Particularschule St. Michaelis zu Lüneburg gab es allerdings eine an Chormusik überaus reich bestückte Bibliothek, in der sich neben deutschen und niederländischen auch Werke von Claudio Monteverdi und Giacomo Carissimi befunden haben. Es ist durchaus denkbar, dass der Schulchor von Lüneburg für städtische Anlässe auch Motetten weltlicher Art im Repertoire hatte und dass Bach bereits in jungen Jahren mit weltlicher Chormusik sehr eng in Berührung kam. Außer Zweifel steht, dass Georg Böhm, der Organist und Komponist an der Lüneburger Johanniskirche, auf den jungen Bach in dieser Zeit entscheidenden Einfluss gehabt haben dürfte.

Zwischen 1700 und 1702 – die genauen Daten lassen sich nicht mehr ermitteln – unternahm der noch an der Lateinschule weilende Bach als neugieriger und motivierter Musikstudent mehrere Reisen nach Hamburg, sicher um dort in der Katharinenkirche den bereits nahezu 80-jährigen Organisten Adam Reincken zu hören, dessen Ruf als Meister seines Instruments weit über Hamburg hinaus gedrungen war. Reincken war auch mit Böhm in Lüneburg kollegial befreundet. Ausgeschlossen ist es nicht, dass Bach dem famosen Reincken bereits in Lüneburg im Hause Böhm begegnet ist. Nun aber wollte er in Hamburg den Meister auch an der berühmtesten Orgel Norddeutschlands, jener der Hamburger Katharinenkirche, selbst hören.

Wolff schreibt in seiner Bach-Monografie: »Im Nekrolog sind weder die Hamburger Oper noch ihr damaliger Dirigent Reinhard Keiser erwähnt – das lässt vermuten, dass Bach sich zu jener Zeit nicht besonders für die Oper interessierte.« Offenbar hat Bach den bedeutenden Opernkomponisten Keiser nicht persönlich gekannt; dass er aber als Chorschüler von St. Michaelis im Lüneburger Schloss auch mit weltlicher Musik dramatischer Ausprägung in Berührung kam, ist mehr als nur wahrscheinlich. Auch wenn sein Interesse in diesen Jahren mit Sicherheit vornehmlich der Orgel- und der Kirchenmusik gegolten hat.

Bachs folgende Stationen, zuerst 1703 als Lakai und Musiker am Weimarer Hof, später als Organist und Kirchenmusiker in Arnstadt (1703–1707) und in Mühlhausen (1707–1708), brachten ihn nicht in Kreise, die von ihm in besonderer Weise weltliche Musik forderten. Freilich wurde damals auch von den Kirchenmusikern erwartet, dass sie zur Verfügung standen, wenn es galt, etwa eine »Ratsmusik« zu veranstalten. Das Musizieren für den weltlichen Bereich wurde aber sicherlich gewichtiger, als Bach seine zweite, weit länger dauernde Anstellung als Hoforganist und Kammermusikus am Weimarer Hof annahm (1708–1717). Als Konzertmeister der Weimarer Hofkapelle (ab 1714) gehörten durchaus auch weltliche musikalische Pflichten zu seinem Aufgabenbereich, so etwa höfische und städtische »Festmusiken«. Dort traf er sicherlich auch mit Salomon Franck zusammen, dem Hofbibliothekar von Weimar, der ihm einerseits im Verlauf der Jahre an die 20 Texte für Kirchenkantaten lieferte, aber auch für seine erste weltliche Kantate »Was mir behagt, ist nur die muntre Jagd« (BWV 208) das Libretto schrieb. Komponiert hat Bach diese Kantate zwar für den Herzog Christian von Sachsen-Weißenfels, doch wurde das Werk auch zu Ehren des Weimarer Herzogs Wilhelm

Ernst von Sachsen-Weimar aufgeführt. Man ersetzte den Namen Christian einfach durch Wilhelm Ernst! Dieser Salomon Franck war es auch, der für die Weimarer Hofoper bereits 1697 ein Opern-Libretto verfasst hatte. Jedenfalls gab es in Weimar für Bach durchaus Berührungen mit der dramatischen Musikkunst, auch wenn seine Haupttätigkeit am Hof in der berühmten »Himmelsburg« – der Kirche der Weimarer Hofburg – vornehmlich kirchenmusikalischer Art gewesen sein dürfte.

Im Jahr 1717 ließ sich Bach als Kapellmeister der Hofkapelle von Köthen abwerben, wo er bis 1723, also bis zum Antritt seiner Stelle als Thomaskantor in Leipzig, tätig blieb. Hier stand nun nicht mehr die Kirchenmusik im Zentrum seines Schaffens, denn die Köthener Hofkapelle – mit einem erstaunlichen Musiketat – war ein bedeutendes, bei seinem Antritt in der sächsischen Provinzstadt vor allem instrumentales Ensemble. Sänger wurden häufig für die verschiedenen Auftritte der Hofkapelle angeheuert, zumal für die Geburtstage der fürstlichen Familie sowie für die Abendmusiken an den Neujahrstagen. Für besondere Anlässe engagierte der Hof den Dichter und Librettisten Christian Friedrich Hunold, der bereits für die Oper in Hamburg und Braunschweig Libretti geschrieben hatte.

Von Bachs weltlichem Kantatenwerk der Köthener Zeit hat sich leider fast nichts erhalten, weil er diese Kompositionen in seiner späteren Leipziger Zeit zu kirchlichen Kantaten umarbeitete und sich danach nur mehr wenig um die Erhaltung von deren weltlichen Erstfassungen kümmerte. In der Köthener Zeit sind verschiedene Geburtstags- und Hochzeitskantaten entstanden, deren Musik nicht erhalten blieb; auch die Erstfassung der sogenannten Orgelweihkantate »Höchsterwünschtes Freudenfest« (BWV 194a) dürfte dort entstanden sein. Nach Meinung der allermeisten Experten waren die Köthener Jahre auch jene, in denen Bach die ersten großen Sammlungen von Instrumentalwerken zusammenstellte, neben dem »Clavier-Büchlein« für Sohn Wilhelm Friedemann und seine zweite Frau Anna Magdalena auch »Das Wohltemperierte Clavier«, das »Orgel-Büchlein« mit 45 Orgelchorälen, Inventionen und Sinfonien, die 6 Brandenburgischen Konzerte sowie die Partiten und Sonaten für Violine solo und die 6 Cellosuiten.

Neben seinen Pflichten als Kapellmeister am Fürstenhof muss Bach viel Zeit für seine Lieblingsbeschäftigung, das Komponieren, gehabt haben. Als er 1723 als Thomaskantor nach Leipzig ging, wurde seine Position in Köthen nicht neu besetzt. Er behielt den Titel des fürstlichen Hofkapellmeisters zu Köthen, schrieb weiterhin Kompositionen für den Köthener Hof – zumal für Geburtstage und zu Trauerfeiern der Fürstenfamilie – und kehrte mehrmals zu Werkaufführungen als Thomaskantor nach Köthen und nach Weißenfels zurück.

Die ersten Leipziger Jahre waren ausgefüllt mit Arbeit an der Verwirklichung seines gewaltigen kirchlichen Kantatenwerks. Bis zum Jahr 1735 entstanden die beinah vollständigen drei Leipziger Jahrgänge (1723–1727), danach der Picander-Jahrgang, einzelne weitere Kirchenkantaten, die Oratorien zu den Hochfesten und die Passionen in ihren verschiedenen Fassungen. Dieses Werk ist eine der mit nichts anderem zu vergleichenden und der allerhöchsten kompositorischen Leistungen der gesamten Musikgeschichte. Und sogar für weltliche Kantaten fand Bach in diesen Jahren immer wieder Zeit und Gelegenheiten: für schulische Anlässe, Einweihungen neuer Gebäude, Leipziger Universitätsfeste, Ratsfeiern, Wahlen und Jubiläen, Festmusiken für das kurfürstliche Haus in Dresden, Huldigungsmusiken für Bürger und Adlige. Unter diesen weltlichen Werken befinden sich die sehr bekannten Stücke wie die »Kaffeekantate« (BWV 211) und die »Bauernkantate« (BWV 212).

Hier also – in Bachs Leipziger Tätigkeiten der 1730er-Jahre – kommen wir anscheinend dem am nächsten, was man als ein Liebäugeln mit den musikalischen Formen der Oper bezeichnen könnte, sind doch einige dieser weltlichen Stücke nicht nur als »Cantata«, sondern als regelrechtes »Dramma per musica« bezeichnet und gestaltet. Das bedeutet, dass Bach in seinen weltlichen Kompositionen dem zusteuerte, was man ohne Weiteres auch als »einaktige Kurzoper«, zumindest als ein »heiteres bühnenmusikalisches Zwischenspiel« bezeichnen könnte. Als Beispiel für die Machart eines solchen »Dramma per musica« sei »Der Streit zwischen Phöbus und Pan« (BWV 201) vorgestellt, das – wie bei den Kantaten allgemein – auch den Titel der ersten Textzeile trägt: »Geschwinde, ihr wirbelnden Winde«.

Entstanden ist diese »Minioper« wohl im Jahr 1729. Die Uraufführung könnte Ende September dieses Jahres im Freien stattgefunden haben, während der Michaelismesse in Leipzig, im Zimmermann'schen Garten vor dem östlichen Stadttor. Darauf, dass es eine Freilichtaufführung gewesen sein könnte, deutet nach Meinung der Forscher jedenfalls die Tatsache, dass Bach die Echowirkungen des Eingangssatzes voll auskomponiert habe. Denkbar ist jedoch auch, dass Bach das Werk zur Eröffnung der Sommerkonzerte des »Bachischen Collegium Musicum« komponierte, dessen Leiter er nunmehr geworden war. Das Libretto dieses weltlichen Musikdramas besorgte er sich bei seinem damaligem Haupttextlieferant, dem bereits kurz vorgestellten Leipziger Postsekretär und späteren Steuerbeamten Christian Friedrich Henrici alias Picander.

Eigentlich ist hier alles vereint, was man sich für eine weltliche dramatische Musik jener Zeit vorstellen und wünschen konnte: Ein Libretto, basierend auf der mythologischen Welt der lateinischen Antike, ein sechsstimmiger Chor, der am Eingang und am Schluss der Fabel das Geschehen so virtuos wie versöhnend kommentiert, sechs Solisten in hohen und tiefen Stimmlagen, die untereinander einen musikalischen Wettstreit austragen, der vielfältige Gelegenheit zu charakteristischen musikalischen Typisierungen bietet, ein farbiges Orchester, bestehend aus Streichern, Flöten, Oboen, Trompeten und Pauken samt Continuo. Was braucht es mehr, um eine festliche weltliche Musik in Szene zu setzen, zumal wenn es die erzählte Geschichte erlaubt, die Möglichkeiten musikalischer Darstellung im Kontrast zwischen »guter« und »schlechter« Musik parodistisch und unterhaltend auszuschöpfen?

Was in der antiken Erzählung noch der Wettkampf zwischen dem die Kithara oder Leier spielenden Gott Phöbus Apollo und dem flötenden Hirtengott Pan war, wird hier um die menschliche Stimme im Wettkampf um die Siegespalme ergänzt. Bach hat dem olympischen Gott und dem Naturgott die beiden Bassstimmen anvertraut. Doch am Eingang des Werkes steht ein festlicher triolenbeschwingter Chor, in dem die wirbelnden Herbstwinde beschworen werden, sich in eine Höhle zurückzuziehen, bevor sie die Winterstürme über die Leipziger Messebesucher entfachen – es soll im strahlenden Herbstwetter dieser vermutlichen Freilichtaufführung selbst das zarte Echo in den lieblichen Lüften hörbar bleiben.

Nun treten die beiden Konkurrenten auf: Phöbus behauptet, Pans Musik tauge allenfalls für Nymphen, doch seine Panflöte sei viel zu schlecht, um Götter in musikalischer Weise zu ergötzen. Pan wehrt sich: Wenn seine Töne erklängen, würde die ganze Natur aufjubeln, die Berge hüpfen, die Sterne springen, das Wild tanzen, die Vögel sich zu ihm setzen, um von ihm ihren Naturgesang zu lernen. Da tritt – mit der Sopranstimme – Momus auf, der Gott des Spottes, und macht sich über Pan lustig: Das macht allein der Wind, dass jemand so prahlerisch daherfaselt, dass man Täuschung für Wahrheit hält, dass jemand blind wird vor Eigenlob! Der Götterbote Merkur (Altstimme) schlägt vor, jeder der beiden Konkurrenten wähle einen Sekundanten als Richter, der am Ende darüber sein Urteil abgibt, welcher der beiden Musizierenden die schönere Musik von sich gegeben habe. Phöbus wählt als Richter den lydischen Berggott Tmolus (Tenor I) und Pan König Midas (Tenor II) aus Phrygien. Nun kann der Wettkampf um die bessere Musik beginnen.

Phöbus setzt an zu einer herzbewegenden Klage um den einst vom eifersüchtigen Zephyr ermordeten Hyacinth, eine

Trauerarie, von Flöte, Oboe d'amore und von zarten Streichern umspielt, wie man sich die Sehnsucht nach einem verlorenen Geliebten nicht inniger und leidgeprägter vorstellen kann. Der Klagende berührt und drückt dem Freund die »zarten Wangen«. Hyacinths Augen, die er küsst, sind ihm »Morgensterne« und »der Seele Sonne«. So klingt tiefe Trauer, überzeugende Liebe, weltbewegendes Klagen über das, was einem im Leben abhandenkommen kann und dann schmerzlich fehlt.

Dann ist Pan an der Reihe mit seiner Arie »Zu Tanze, zu Sprunge, so wackelt das Herz«. Musikalisch ist es ein Gestampfe und Gewackel der krüden, simplen und bäuerlichen Sorte. Bach macht sich ein Vergnügen daraus, Unterhaltungsmusik aus einfacher Komponistenküche aufzutischen und parodistisch zu verzerren. So schlecht fand allerdings selbst er letztlich seine Scherzarie nicht, denn er hat die Musik mit einem alternativen Text später in der »Bauernkantate« 1742 wiederverwendet. Hier kommt ein Bach zum Vorschein, der voll und ganz die komödiantische Ader seiner Begabung als Komponist ins Licht rücken kann.

Wie der Wettstreit ausgeht, ist bald erzählt, obwohl noch drei weitere höchst vergnügliche Arien und vier Rezitative dieses Musikdramas folgen. Für Tmolus ist die Sache klar: Den Gesang des Phöbus hat die »Anmut selbst geboren«. Schöner kann man Musik über einen Liebesverlust nicht zu Gehör bringen. Wer Musik als eine Kunst versteht, kommt bei diesem Gesang aus eigenem Staunen und Verwunderung nicht mehr heraus.

Midas dagegen ist entschieden anderer Meinung. Für ihn macht es natürlich Pan am besten, denn sein Lied sei so leicht und »ungezwungen«, dass man es sich sofort einprägen könne. Er wolle es gleich auch den Bäumen beibringen! Der Phöbus treibe es klagend jedoch »gar zu bunt« mit seiner Kunst. In der Arie des Midas leistet sich Bach einen weiteren Spaß, indem er dort, wo Midas seine eigenen Ohren preist, in den Stimmen der Geigen »Esel-I-As« hineinkomponiert.

Momus, Mercurius und Tmolus entscheiden am Ende aber kunstverständig, dass Phöbus der eindeutige Sieger sei. Midas erhält für seinen Unverstand, seinen fehlenden Sinn für hohe Kunst in der Musik und für seinen falschen Ehrgeiz »Eselsohren«, oder wie Merkur es in seiner Arie ausdrückt: »Die Schellenmütze aufgesetzt.« Momus, der Spötter und Kunstkritiker, bringt am Ende die »Moral von der Geschichte« auf den Punkt: Zu jeder Zeit gebe es Kritiker, die von Unverstand und Unvernunft geleitet in den Tag hinein über Musik schwadronieren und urteilen würden. Der Abschlusschor freilich weiß, das Richtige zu preisen und den eigentlichen Sinn von Musik zu betonen: »Labt das Herz, ihr holden Saiten, / Stimmet Kunst und Anmut an!« Denn dies vermag nur gute Musik! Wir wollen es Bach aber nicht verdenken, dass auch seine »schlechte Musik« uns in ihrer zum Lachen bringenden holperigen Ästhetik und Machart hoch entzückt und köstlich unterhält!

Könnte man sich denn nicht einen Abend in einem heutigen Opernhaus vorstellen, an dem dieses großartige Werk, inszeniert von einem fantasiebegabten Regisseur oder einer einfühlsamen Bühnenmagierin, zur Darstellung käme? Vielleicht klug ergänzt um eine ebenso attraktive weitere weltliche Kantate? Sowohl die sogenannte »Äolus-Kantate« (BWV 205) wie auch »Herkules am Scheidewege« (BWV 213) kämen für einen dramatischen Musikabend doch mit Sicherheit infrage. Ein solcher Musiktheaterabend würde uns mit hervorragenden Stimmen und in einfallsreicher Regie in jedem Opernhaus unterhalten und belustigen, mit Sicherheit aber musikalisch hoch beglücken.

Die Wettstreitkantate ist hier deshalb als Beispiel für Bachs absolute »Operntauglichkeit« ausgewählt, weil er sie 20 Jahre später – im Jahr 1749 – noch einmal hervorholte, um sie im vorgerückten Alter, ja, nur ein Jahr vor seinem Tod, durch seine Söhne und Schüler erneut aufführen zu lassen. Er hat daran noch selber kräftig mitgearbeitet – vermutlich bei der Aufführung sogar an der Viola mitgespielt – und mit Veränderungen des Picander-Textes für kleine Bosheiten gegen seine nach wie vor aktiven banausischen musikalischen Gegner gesorgt.

In mehreren Lebensphasen hatte Bach gegen Musikerkollegen zu kämpfen, die seine Musik als zu akademisch, zu schwierig für den populären Geschmack, vor allem aber als zu künstlich, abgehoben und abstrakt beurteilten. Dass auch politisch einflussreiche Ratsmitglieder der Stadt Leipzig, ja selbst Rektoren und Lehrer an der Thomasschule Bachs Virtuosentum und Komponistenbegabung für einen Kantor, der gleichzeitig noch Latein an seiner Schule unterrichten sollte, als einen nicht notwendigen Luxus erachteten, führte dazu, dass Bach im August 1730 der Stadtregierung einen »Kurtzen, jedoch höchstnöthigen Entwurff einer wohlbestallten Kirchen Music« vorlegte, in dem er begründete, welche Art von Musik und von professionellen Musikern einer Stadt wie Leipzig gut anstehen würde, den Blick gegen Dresden gerichtet, wo man offenbar bei den Musikveranstaltungen weniger aufs Sparen und aufs Reduzieren erpicht war als in Leipzig.

Mit den kunsttheoretischen Kämpfen der Bach-Zeit verbinden sich Namen von Musikexperten wie Johann Adolph Scheibe; in den 1740er-Jahren auch der Rektor des Freiberger Gymnasiums Johann Gottlieb Biedermann, der an einer Lateinschule weniger Musik und mehr klassisch-literarische Texte unterrichtet haben wollte. Bach schlägt auf seine Art und Weise zurück: Er nimmt 1749 am Text des Schlusschors seiner Wettstreitkantate kleine Änderungen vor und lässt den Chor nun singen: »Verdopple Phöbus nun Musik und Lieder, / tobt gleich Birolius und Hortens darwider!« Im Publikum sollen damals Menschen gesessen haben, die durchaus diese leicht verdrehten Namen mit musikbanausischen Gegnern des Meisters in seiner späten Schaffenszeit zu identifizieren wussten.

Hier ist nun etwas nachzutragen über Bachs »Hauptlibrettist« seiner Leipziger Zeit, vor allem zwischen 1725 und 1742: Christian Friedrich Henrici alias Picander (1700–1764). Das Pseudonym »Picander« bedeutet so viel wie »Elstermann«,

»pica pica« ist der wissenschaftliche Name für diesen Rabenvogel. Der Dichter soll ihn sich nach einem Jagdunfall zugelegt haben, bei dem er auf eine Elster zielen wollte, dabei aber einen armen Bauern traf und diesen übel verletzte. Henrici stammte aus ärmlichen Verhältnissen und finanzierte sein Studium der Rechte in Wittenberg durch das Schreiben von Hunderten von Gelegenheitsgedichten zu allen nur denkbaren bürgerlichen und adligen Anlässen wie Hochzeiten, Geburten, Geburtstagen, Studienabschlüssen, Begräbnissen, Amtsantritten und dergleichen, die er später in fünf gesammelten Bänden herausgab (Band 5 erschien erst nach Bachs Tod 1751). Als er 1720 nach Leipzig umsiedelte, begann er auch gereimte fromme Texte zu den Evangelien aller Sonn- und Feiertage des Kirchenjahres zu fabrizieren, die 1725 als »Sammlung Erbaulicher Gedancken« erschienen. Um diese Zeit muss auch die Zusammenarbeit mit Bach begonnen haben.

In seiner Jugend war Picander berüchtigt für laszive erotische Poesie, gerne angereichert durch zweideutige-schlüpfrige Anspielungen. Erfolg hatten auch einige seiner Satiren und »Lustspiele« über akademische Schlendriane, Säufer und betrogene Ehemänner. Älter werdend und die Beamtenkarriere erfolgreich antretend, befreite er sich vom Ruf des Reimschusters und Gelegenheitsdichters »in eroticis« und gewann durch seine sprachliche Gewandtheit im Einrichten und im Austauschen von Texten zu kirchenmusikalischer Verwendung die Achtung zumal der Komponisten, gerade auch jene des Kirchenmusikers Bach. So geht eine beachtliche Anzahl der Kirchenkantaten aus der erwähnten Zeit auf Textbearbeitungen von Henrici zurück, zumal wenn es galt, für den Gottesdienst eine ehemalige »weltliche Kantate« zu einer Kirchenkantate umzuformen. Die Bach-Forschung spricht sogar vom »Picander-Jahrgang 1728–29«, in dem die Sonn- und Festtagskantaten, die auf Picanders Textvorlagen zurückgehen, zusammengefasst sind.

Zu wie vielen von Henricis gesammelten Kantaten-Texten dieses Jahrgangs Bach die Musik geschrieben haben könnte, lässt sich heute nicht mehr eruieren, da von zahlreichen die Musik verloren gegangen ist. Mit Sicherheit gehören zu Henricis großen Leistungen die Textfassungen der »Matthäus-Passion« und der »Lukas-Passion«, manche Forscher halten auch die Texte des Weihnachts- und des Osteroratoriums für sein Werk. Aus Henricis Feder stammen mit Gewissheit auch eine Reihe von Texten zu den weltlichen Kantaten, unter ihnen das oben vorgestellte Musikdrama »Phöbus und Pan«, und nicht unbedeutende Forscher halten auch Bachs sogenannte »Bauernkantate« und die meisten Teile seiner »Kaffeekantate« für Henricis Werk.

Ein großer Könner im Arrangieren von Texten für den unterschiedlichsten Gebrauch in kirchlichen und weltlichen Angelegenheiten war Henrici auf jeden Fall. Man darf sich sogar eine über viele Jahre dauernde Freundschaft zwischen dem Librettisten und dem Komponisten vorstellen, der es in seiner beruflichen Laufbahn vom Postsekretär bis hinauf zum Steuerinspektor für alkoholische Getränke der Stadt Leipzig geschafft hatte und mittlerweile auch als Dichter über die Stadtgrenzen von Leipzig hinaus Ansehen und Respekt genoss. Wäre Bach wirklich an einem klassischen Opernlibretto seiner Zeit für die eigene Kompositionsarbeit interessiert gewesen, bei wem hätte er denn anklopfen sollen mit seinem Ansinnen, wenn nicht bei seinem vertrauten und erprobten Kantaten- und Passionen-Librettist Henrici. Musste dieser nicht inzwischen am allerbesten wissen, wie man dramatische Chöre, Rezitative, Arien und Ensembles gestaltet, damit sie in den Kirchen, aber auch auf den Bühnen der Welt Staunen und Ergriffenheit auslösten?

War Bach womöglich an der in den Hof- und Stadtopern seiner Zeit gespielten Art von Musik gar nicht interessiert? Wenn man den Bach-Forschern Glauben schenken will – und wem sollte man denn sonst Glauben schenken dürfen? –, weilte der Komponist um Mitte September 1731 vermutlich in Begleitung seines ältesten Sohnes Wilhelm Friedemann am Dresdener Hof und spielte am 14. September in der dortigen Sophienkirche ein Orgelkonzert. Am Tag davor hatte in Dresden Johann Adolph Hasses Oper »Cleofide« im königlichen Opernhaus ihre Uraufführung. Es ist eher unwahrscheinlich, dass Bach während dieses Aufenthaltes das Werk seines berühmten Kollegen nicht gehört und gesehen haben sollte.

Der aus Hamburg stammende Organistensohn Hasse hatte in Neapel bei Nicolo Antonio Porpora und Alessandro Scarlatti studiert, machte dort und in Venedig als Opernkomponist Karriere, heiratete die damals berühmte Sängerin Faustina Bordoni und avancierte in Dresden zum »divino Sassone« – zum »göttlichen Sachsen«, wie man den erfolgreichen Kapellmeister der Dresdener Hofoper bald einmal nannte. Bach soll in den 1730er- und 1740er-Jahren gelegentlich die Hofoper in Dresden aufgesucht haben, um »hübsche Liederchen« zu hören, wie er die Arien seines bald einmal europaweit bekannten Kollegen Hasse offenbar genannt haben soll.

Hasse baute sein Hoftheater in Dresden nach und nach zu einer hoch professionellen Opernbühne aus, arbeitete öfters mit dem erstrangigen Librettisten Pietro Metastasio zusammen und entwickelte mit diesem geradezu modellartig die Regeln für die Opera seria, die europaweit zum gültigen Vorbild eines zeitgemäßen Musiktheaters nach italienischem Muster wurde. Weit über 40 Opern komponierte Hasse insgesamt, von seinen Intermezzi, Kantaten, Serenaten, Oratorien und kirchlichen Kompositionen ganz zu schweigen. Neben Händel und Antonio Lucio Vivaldi war Hasse sicherlich eine der interessanten Gestalten unter den Barockkomponisten, die sich für Theatermusik engagierten. Und die europäischen Hauptstädte waren süchtig zumal nach italienischen Opern, die in der ersten Hälfte des 18. Jahrhunderts als das Nonplusultra europäischer Bühnenkunst galten.

Die 1731 in Dresden produzierte Oper »Cleofide« ist ein höchst geeignetes Exempel, um zu begreifen, wie anders die musikalischen Interessen eines Mannes wie Johann Adolph Hasse als jene von Johann Sebastian Bach gewesen sein müssen, der sich inzwischen in erster Linie als Kirchenmusiker, dann aber vor allem als Virtuose und Komponist von Instrumentalmusik verstand. Bach suchte zwar gewiss die Anerkennung des sächsisch-polnischen Königs August des Starken und den Titel eines vom König ernannten »Hofkompositeurs«. Dies wohl auch als Gegengewicht und als »Nobilitierung« seiner Person, im Gegensatz zur künstlerischen Missachtung und Kritik, wie er sie in Leipzig erfahren und erdulden musste. Dennoch dürfte dem Lutheraner Bach das Lob des katholischen Herrschers – in »Cleofide« ist Alexander der Große so etwas wie die historische Folie für Sachsens »unbesiegbaren« August den Starken – in dieser dubios schmeichlerischen Verherrlichung von Größe, Weisheit und Milde letztlich zuwider gewesen sein. Diese zur Schau gestellte Bereitschaft, den Intriganten, Lügnern und aus Eifersucht schändlich handelnden Gegenspielern des großen Herrschers immer wieder zu verzeihen, muss dem so frommen wie selbstbewussten Bach wohl ziemlich unerträglich gewesen sein.

Wenn wir uns diese Oper anhören – was seit der Produktion von »Cleofide« unter William Christie und der Cappella Coloniensis mit stimmlich überzeugenden Solisten seit 1986 in voller Länge möglich ist –, so muss auffallen, dass die teilweise sehr stereotypen Rezitative und die zahlreichen oft Überdruss produzierenden Da-Capo-Arien des Werkes den Musiker Bach wohl zu nicht mehr als einem milden nachsichtigen Lächeln bewegt haben könnten. Im Gegensatz zum musikalischen Raffinement seiner eigenen Kantaten und Oratorien müssen diese Opernrezitative und »Arien-Liederchen« ihm wie die Versuche von Musikanten vorgekommen sein, die sich schnell mit den simpelsten Einfällen und musikalischen Gefälligkeiten zufriedengeben. Man kann sich nur schwer vorstellen, dass

Bach mit Komponisten dieser Art von Musik überhaupt in Konkurrenz treten wollte. Wenn man bedenkt, dass sein Geschenk an den sächsischen Hof 1733 – nach dem Tod August des Starken – das Kyrie und das Gloria seiner »h-Moll-Messe« sein sollten, kann man erahnen, welch andere Ambitionen er in der musikalischen Kompositionskunst hegte, als es seine hoch gerühmten Zeitgenossen im Opernbereich praktizierten und im Sinn hatten. Ein nicht unwesentlicher Unterschied: In Bachs Werk wurde nur selten – etwa in den Geburts- und Namenstagskantaten – einem anderen Herrscher gehuldigt als Gott dem Herrn, den man um Erbarmen für die eigenen Verfehlungen bat und dessen alleinigen Ruhm und alleinige Glorie der Komponist im Grunde besingen wollte. Soli Deo Gloria! Man könnte beinah die Vermutung hegen, dass Bach aufgrund seiner Opernerlebnisse in Dresden – und anderswo vielleicht noch dazu – in den 1730er-Jahren »opernscheu« und »opernresistent« geworden sein könnte und von einem eigenen Engagement im offiziellen Opernbetrieb für seine weitere Karriere als Musiker und Komponist Abstand genommen haben könnte.

Während seines Lebens weilte Johann Sebastian Bach mehrmals auch in Berlin. Wäre er 1721 als Hofmusiker dorthin und nicht im Jahr danach als Thomaskantor nach Leipzig berufen und verpflichtet worden, ist es durchaus vorstellbar, dass wir abendfüllende Opern aus seiner Feder kennen würden. An der Kompetenz auch im Opernfach hätte es ihm gewiss nicht gefehlt, wenn man seine weltlichen »musikalischen Dramen« hört. 1742 wurde unter Friedrich II. in Berlin die neue Hofoper eröffnet, Opernaufführungen in einem der Säle des Stadtschlosses gab es in Berlin weit früher.

Im Jahr 1747, als Bach im Mai Potsdam und Berlin wohl zum letzten Mal besuchte und für Friedrich II. über das vom Preußenkönig vorgeschlagene Thema improvisierte und kontrapunktisch zauberte, das wenig später als »Musikalisches Opfer« mit Widmung an den König im Druck erschien, soll er in Berlin auch das neue Opernhaus, die Hofoper »Unter den

Linden« besucht haben. Was er dort an musikdramatischen Werken gesehen und gehört haben könnte, ist nicht überliefert. Sein Interesse im Alter lag nun aber eindeutig in der Edition der eigenen Kompositionen und in der Prüfung und Begutachtung neuer Instrumente, zumal von Orgeln, Cembali und den neu in Mode gekommenen Fortepiani. Das mondäne Musiktheater war ihm im vorgerückten Alter eindeutig in weite, wohl allzu weite Fernen gerückt.

Sollen wir darüber trauern, dass der größte Meister musikalischer Kunst in altdeutscher Manier sich sagte: »Schuster bleib bei deinem Leisten!«, die Oper definitiv liegen ließ und sich in der ihm noch verbleibenden Zeit der Vollendung der »h-Moll-Messe« und der »Kunst der Fuge« widmete?

BWV 201
Kantate | »Geschwinde, ihr wirbelnden Winde«
(Der Streit zwischen Phoebus und Pan)
René Jacobs

Das Opern-
leben

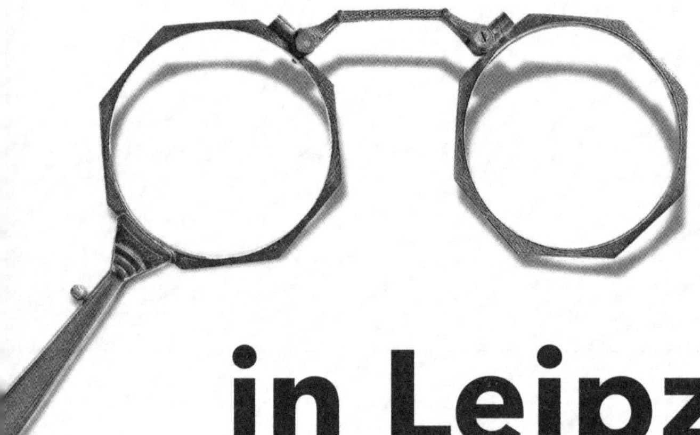

in Leipzig zu Zeiten von Johann Sebastian Bach

Dank der Forschungen des Musikwissenschaftlers und Opernhistorikers Michael Maul sind wir über das Geschehen im Bereich des Musiktheaters in der Stadt Leipzig zur Barockzeit äußerst zuverlässig informiert. Ein richtiges Opernhaus gab es in Leipzig bereits in den Jahren 1693 bis 1720, also in der Vor-Bach-Zeit, was nicht heißt, dass man zuvor und danach an anderen Örtlichkeiten nicht auch »Theatermusik« in Form von dramatischen Szenen und Einaktern, Singspielen, Ballettproduktionen und dergleichen gepflegt und aufgeführt haben wird. Als der sächsische Kurfürst die Erlaubnis erteilte, neben der Dresdener Hofoper während der Leipziger Messen auch in dieser Handelsstadt einen Opernbetrieb zur Unterhaltung der zahlreichen Messebesucher zu eröffnen, gab es hinreichend unternehmerisch gesinnte Musiker, die darin für sich und die zahlreichen Angehörigen ihrer Berufsgruppe eine künstlerische wie ökonomische Option und Chance witterten. Immerhin fanden die Messen in Leipzig dreimal im Jahr statt, zu denen die an französischen und englischen Importwaren sowie der blühenden Buchproduktion interessierten Besucher von nah und fern heranströmten, die an guten Geschäften nicht weniger als an vergnüglichen Abendangeboten in Theatern und Konzertsälen interessiert waren.

Michael Maul hat die Geschichte dieses Leipziger Opernunternehmens so detailgetreu erforscht, dass das Repertoireangebot dieser Institution für die Jahre ihres Bestehens genau bekannt ist und dazu die Gründe, weshalb dort Erfolge und Misserfolge sich so dramatisch abwechselten und das Haus 1720 aus Insolvenzgründen geschlossen werden musste; »Die

Oper am Brühl« hat sich in späteren Jahren in ein Hospital und in ein Zuchthaus verwandelt. Zu den Glanzzeiten dieser Institution gehören sicherlich die Jahre, in denen Georg Philipp Telemann in der Stadt wirkte und dieses Haus mit seinen Kompositionen belieferte; »etliche und zwanzig« Opern soll er nach eigener Aussage komponiert haben, einige samt Libretto. Auch für verschiedene Hofopern der Umgebung schrieb Telemann gleichzeitig Opernwerke; die meisten Bühnenwerke komponierte er jedoch, nachdem er in Hamburg für das dortige »Opernhaus am Gänsemarkt« tätig war. Telemann wurde in der ersten Hälfte des 18. Jahrhunderts zu Deutschlands prominentestem Komponisten, und dies keineswegs nur auf dem Gebiet des Musiktheaters.

Als man 1722 in Leipzig einen Nachfolger für den verstorbenen Thomaskantor Johann Kuhnau suchte, wurde Telemann einstimmig unter den sechs Bewerbern, zu denen auch Johann Sebastian Bach zählte, gewählt. Es gab Bleibeverhandlungen in Hamburg, Telemann holte an Gehalt und an Vorteilen für sich das Mögliche heraus und blieb in der Hansestadt – bis zu seinem Tod 1767. In Leipzig entschied man sich nach langwierigen Verhandlungen schließlich für Johann Sebastian Bach, in historischer Perspektive gewiss nicht zum Nachteil der gesamten Musikwelt. Bach trat 1723 dort sein Amt an. Es bleibt Spekulation, wie sich das Opernleben in Leipzig erneuert und entfaltet hätte, wäre Telemann in die Stadt zurückgekehrt, in der er zwischen 1704 und 1718 der Hauptkomponist im Operngeschäft war.

Das Hamburger »Opernhaus am Gänsemarkt« bestand bis 1738. Für Telemann wurde es zu einer seiner wichtigsten Wirkungsstätten. Insgesamt hat er während seines Lebens an die 50 Opern geschrieben, die freilich längst nicht alle in ihrer Entstehungsform vollständig erhalten sind und heute rekonstruiert werden müssen. Wie sehr auch Johann Sebastian Bach seinen Musikerkollegen Telemann geschätzt haben muss – er hat einzelne von Telemanns Kirchenkantaten eigenhändig kopiert und für seine Aufführungen verwendet: in Bezug auf das Opernschaffen seines Hamburger Kollegen ist er in Leipzig in keiner Art und Weise in dessen Fußstapfen und zu diesem in Konkurrenz getreten.

Wie eine Telemann-Oper aus dessen Leipziger Zeit ausgesehen haben könnte, lässt sich heute mit hinreichender Genauigkeit nachvollziehen. Auch daran hat Michael Maul große Verdienste. Aufgrund eingehender Quellenforschung hat er eine Oper rekonstruiert, die mit Leipzig eine besondere Bewandtnis hatte, wurde sie dort doch sowohl zur Michaelismesse von 1704 wie zu jener von 1710 von Telemann in zwei verschiedenen Fassungen in der »Oper am Brühl« aufgeführt: Es handelt sich um die Oper »Germanicus«, die man seit 2011 in einer von Michael Maul rekonstruierten Einrichtung in einer interessanten Mischfassung der früheren und der späteren Version erleben kann.

Ausgangspunkt für den »Germanicus« in Leipzig war ein Libretto des in Venedig tätigen Giulio Cesare Corradi aus dem Jahr 1676, das damals vom Komponisten Giovanni Legrenzi vertont wurde und den Titel trug: »Germanico sul Reno – Germanicus am Rhein«. Die deutsche Fassung von 1704 stammt von einer Tochter des Leipziger Operngründers Nicolaus Adam Strungk, inzwischen eine Pfarrersfrau mit dem Namen Christine Dorothea Lachs, in der Literatur der Barockzeit auch als »die Frau Lachsin« bekannt. Für Telemann übersetzte und reimte sie mindestens drei Libretti in gekonnter und poesievoller Manier. Während ihr »Germanicus« von 1704 auf rein deutschsprachigen Arien beruht, griff Telemann 1710 bei der Neufassung bei 16 Arien auf den italienischen Text zurück und komponierte diese neu, was darauf schließen lässt, dass das Leipziger Messepublikum inzwischen vom italienischen Opernfieber angesteckt gewesen sein muss und in einer zeitgemäßen Oper italienische Arien keineswegs missen wollte.

Die Oper »Germanicus« besteht aus mindestens 40 Arien. Ob die Rezitative in Leipzig singspielartig gesprochen oder gesungen wurden – vielleicht sogar mit Telemann am Continuo – lässt sich offenbar nicht mehr eruieren, weshalb der Wissenschaftler bei der Rekonstruktion zur Notlösung griff, verbindende Zwischentexte von einem Schauspieler sprechen zu lassen. Diese Oper ist ein Schlüsselwerk, um Telemanns Entwicklung als Komponisten für die Bühne in seiner frühen Schaffensperiode begreifen zu können. Da man über Quellenmaterial von 1704 und 1710 verfügt, kann man daran die musikalischen Fortschritte vom Musikstudenten Telemann zum versierten Komponisten von Arien der unterschiedlichsten Affektarten in hervorragender Weise nachverfolgen.

Telemann traf offenbar den Geschmack des Publikums mit diesem Werk genau, denn seine Opern – oder zumindest Arien daraus – waren bald einmal auch in anderen Städten und Höfen auf Bühnen zu sehen und zu hören, wie beispielsweise in Hamburg an der »Oper am Gänsemarkt«, wohin er 1721 nach Stationen in Eisenach und in Frankfurt am Main als Direktor der Kirchenmusik und der weltlichen Musik der Hansestadt berufen wurde. Dass es nach seinem Wegzug aus Leipzig und dem Niedergang der »Oper am Brühl« in Leipzig mit Opernmusik ganz und gar vorbei gewesen sein sollte, ist schwer vorstellbar. Das Bedürfnis nach Bühnenmusik, nach vokaler, instrumentaler und tänzerischer Kunst und Unterhaltung in einer Messemetropole ließ sich wohl nicht aus der Stadt verbannen – und so wird es neben den mehr oder weniger professionellen Wandertruppen im Bereich Theater und Singspiel vor allem in Leipzigs Studentenschaft Leute gegeben haben, die mit Kirchenmusik allein nicht ruhig- und zufriedenzustellen waren.

Als Bach vom eher ländlich geprägten Köthen als neuer Thomaskantor nach Leipzig zog, war sein Pensum in Kirche und Schule derart von Pflichten geprägt, dass die weltlichen Belange seiner Musikinteressen zunächst in den Hintergrund treten mussten. Denn aus einem in seinem Arbeitsfeld relativ freien Hofkapellmeister in der deutschen Provinz wurde er nun Kantor und musikalischer Leiter in drei der Leipziger Hauptkirchen sowie einer weithin bekannten Kirchenmusikschule einer deutschen Hauptstadt. In seinem Anstellungsvertrag und Pflichtenheft wurde er daran erinnert, dass er seine Schul- und Kirchenpflichten getreu und beflissen zu erfüllen habe: die Rats- und Schulvorgesetzten zu ehren, die Schüler in Gesangs- und Instrumentalunterricht zu erziehen, die Musik in der Kirche nicht in die Länge zu ziehen und in dieser »keine Opernmanieren« anzuwenden! Bei aller Hochachtung für den neuen und seine Stellung als Komponist auch bald festigenden »Chefmusiker« der Stadt: Konflikte zwischen Schul-, Kirchen- und städtischen Behörden hinsichtlich der ureigensten Interessen eines Musikers und Künstlers wie Bach scheinen vorprogrammiert gewesen zu sein.

Die wesentliche Erweiterung im Zuständigkeitsbereich des neuen Kantors für das weltliche Musikleben in Leipzig war seine Übernahme des von Telemann 1701 gegründeten »Collegium Musicum«. Solche »collegia musica« – Vereinigungen von gemeinsam musizierenden Musikstudenten – gab es in Leipzig bereits im 17. Jahrhundert. Als Telemann zum Studium der Rechte nach Leipzig kam, wurde er von Freunden und Gönnern sehr unterstützt, das musikalische Leben der Stadt sowohl mit fähigen Vokalisten wie mit Instrumentalisten zu professionalisieren. Die Leitung des Ensembles lag in der Hand des Musikdirektors der Neuen Kirche, dessen Amtsträger Telemann 1704 wurde. Das Telemann'sche Ensemble kam dabei keineswegs nur in der Kirche zum Einsatz, sondern ebenso im Opernhaus und bei weltlichen Konzerten, Serenaden, Universitätsfeiern, Geburtstagen von Honoratioren wie Ratsmitglieder und Rektoren.

Nachdem Telemann 1705 nach Hamburg ging, übernahmen andere Musiker die Weiterführung dieser Konzerttraditionen in Leipzig. Man trat auch in verschiedenen Kaffeehäusern der Stadt regelmäßig auf, während des Jahres einmal wöchentlich, zu Messezeiten zweimal in der Woche, und spielte dort unter Musikern wie Melchior Hoffmann, Johann Georg Pisendel, Johann David Heinichen oder Johann Friedrich Fasch. Das Ensemble soll zeitweise bis zu 60 Musiker gezählt haben.

1723 öffnete der Inhaber des »Zimmermannschen Kaffeehauses« dem Ensemble im Winter seinen großen Saal in der Katharinenstraße, im Sommer seinen Garten am Grimmaischen Steinweg. An beiden Orten sollen bis zu 150 Gäste neben dem Orchester Platz gefunden haben. Die Konzerte des »Zimmermannschen Kaffeehauses« wurden in den 1720er-Jahren des 18. Jahrhunderts in Leipzig zu einer festen und das Musikleben entscheidend mitprägenden Institution.

Auch Bach-Schüler und seine Söhne spielten offenbar gelegentlich in diesem Ensemble mit. Als Balthasar Schott, der Musikdirektor der Neuen Kirche, 1729 nach Gotha als Stadtkantor berufen wurde, nutzte Bach die Gelegenheit, die Verantwortung für die Kirchenmusik von jener der Leitung des »Collegium Musicum« zu trennen und übernahm dieses Amt nun selbst. Damit hatte er auch für den weltlichen Teil des Leipziger Musiklebens das wichtigste Ensemble in eigener Hand – und konnte dessen Mitglieder jederzeit auch für besonders festliche Aufführungen in der Thomas- und der Nikolaikirche beiziehen. Das Amt behielt er zunächst bis 1737, arbeitete aber mit dem für die Kirchenmusik dort nach wie vor zuständigen Carl Gotthelf Gerlach – einem Schüler von ihm – weiter zusammen. Zwei Jahre später übernahm er die Leitung des Ensembles, das man seit 1729 zu Recht das »Bach'sche Collegium Musicum« nannte, erneut; für wie lange, scheint nicht dokumentiert zu sein.

Gottfried Zimmermann, Besitzer der gleichnamigen Lokalitäten, starb 1741; gut möglich, dass Bach etwa in dieser Zeit seine Verpflichtungen zu den regulären öffentlichen Auftritten des Ensembles aufgab und dieses in den 1740er-Jahren nur noch für eigene spezielle Produktionen in Anspruch nahm. 1743 wurde in Leipzig ein neues Musikensemble gegründet, das sich »Das Große Concert« nannte. Daraus soll später das heute noch bestehende Gewandhausorchester hervorgegangen sein. 1979 feierte in Leipzig das »Collegium Musicum« der Barockzeit eine Wiederauferstehung, das fortan den Namen »Neues Bachisches Collegium Musicum« (NBCM) trägt und bis heute das Musikleben Leipzigs bereichert, etwa im Festsaal des Alten Rathauses bei den »Bachischen-Abend-Musicken«.

Welche Programme Bach im Verlauf der Jahre mit nunmehr seinem eigenen Collegium aufführte, kann nur vermutet werden, da man für die regulären Konzerte im »Zimmermannschen Kaffeehaus« keine Programme druckte. Gute Gründe gibt es, davon auszugehen, dass der Meister dort vor allem seine eigene Instrumentalmusik zur Aufführung brachte: die Brandenburgischen Konzerte, die Orchestersuiten, die Instrumentalkonzerte, aber sicher auch seine Kammermusik: Suiten, Partiten, Sonaten für einzelne und mehrere Instrumente. Gelegentlich wird auch die eine oder andere seiner weltlichen Kantaten zur Aufführung gelangt sein. Mit der Zeit wird Bach auch Werke seiner Söhne und Schüler ins Programm aufgenommen haben – je nachdem, wie man mit dem Kopieren des Notenmaterials für die jeweilig auftretende Orchester- oder Kammermusikformation nachkam. Die Programme werden vielfältig und oft gewiss auch überraschend gewesen sein.

Um nicht in ein spekulatives Nebelland abzudriften, sollen noch zwei Bereiche kurz thematisiert werden: der Sonderfall von Bachs »weltlichen« Kantaten, von denen einige mit großer Wahrscheinlichkeit mithilfe seiner Collegium-Mitglieder zur Aufführung kamen. Schließlich noch die Bedeutung der in der ersten Hälfte des 18. Jahrhunderts herrschenden Poetik- und Gattungsdebatten, wie sie beispielsweise der an der Leipziger Universität wirkende Literaturtheoretiker Johann Christoph Gottsched repräsentierte.

Dass die weltlichen Kantaten, in der Regel zu einem kalendarisch einmaligen Ereignis komponiert, in ihrer Ursprungsform schlechtere Überlebenschancen hatten als die Kompositionen für den Kirchenkalender und damit für jährlich wiederkehrende Sonntage und religiöse Festzeiten, leuchtet ein. Obwohl Bach in seinen ersten Leipziger Jahren jedes Jahr wieder neue Kirchenkantaten zu schaffen imstande war, sodass heute zu den meisten Sonn- und Feiertagen mindestens drei Kirchenkantaten von ihm zur Auswahl stehen, verhält es sich bei den weit weniger zahlreichen weltlichen Kantaten anders. Teile von ihnen hat er umgeschrieben und die Musik mit alternativen Texten im sogenannten Parodieverfahren für kirchliche Zwecke angepasst. Darum ist es um die Quellenlage bei den weltlichen Kantaten in den meisten Fällen schlechter bestellt als bei zahlreichen kirchlichen. So kennen wir von ihm eine »Jagdkantate«, eine »Kaffeekantate«, eine »Bauernkantate«, aber auch Hochzeitskantaten, Huldigungskantaten, Geburtstagskantaten und Ratswahlkantaten – kurzum: eine beachtliche Anzahl origineller, witziger und unterhaltsamer Vokalwerke, die seinen geistlichen Kompositionen an Einfallsreichtum und musikalischem Kunstsinn mit Sicherheit ebenbürtig sind. Von einzelnen dieser Werke ist bezeugt, dass Bach sie mit seinem Collegium noch in späten Jahren wiederaufführte. So griff er auf seine wohl in Leipzig komponierte und vermutlich 1713 am Hof von Weißenfels uraufgeführte »Jagdkantate« 1716, 1729, 1740 und 1742 in angepasster, dem Anlass entsprechender Form zurück. Wenn Bach von einer seiner Kompositionen überzeugt war, scheute er sich nicht, seinen reichen Schatz an kompositorischen Leistungen zu durchsuchen, und eine ihn zufriedenstellende Musik erneut und frisch aufblühen zu lassen.

Die »Jagdkantate« (BWV 208), die früheste der erhaltenen weltlichen Kantaten, ist letztlich vor allem eine Huldigungskantate für den Fürsten Christian von Sachsen-Weißenfels, der offensichtlich an seinem Geburtstag sich zuerst auf der Jagd verlustieren wollte, bevor am Abend dann ihm zu Ehren eine festliche Tafelmusik aufzuspielen hatte, die ihm ebenso wichtig und vergnüglich wie die Jagd gewesen zu sein scheint. Die aus 15 Teilen – Rezitative, Arien, Duette und Chöre – bestehende Kantate muss man zwar als handlungsbeschränkt bezeichnen, doch in ihrer musikalischen Machart ist sie ein höchst erfreulicher bunter Strauß von Stimmen und Stimmungen und von verschiedenen Instrumenten, die sowohl allgemeine Feier-, Fest- und Jubelstimmung verbreiten, uns aber ebenso durch pastoral-idyllische Töne rühren und bewegen. Hörner rufen die Jagd herbei, Blockflöten und Schalmeien verherrlichen das Landleben, etwa in der ohrwurmträchtigen Arie: »Schafe können sicher weiden, wo ein guter Hirte wacht«, während satt besetzte Streicher, eine Solovioline und virtuos eingesetzte Continuo-Instrumente der beste Beweis für das sind, was damals zum Hof eines musikliebenden Fürsten notwendigerweise dazugehörte. Besungen wird neben der Jagdlust der Diana auch die Liebeslust ihres Bettgenossen Endymion, der auch an Jagdtagen auf »zuckersüße« Liebesküsse nicht verzichten will. So dürfen auch noch der Naturgott Pan und die Hirtengöttin Pales einstimmen in die Glückwünsche für den Fürsten. Man kann sich vorstellen, wie Bach sich hier auch bei späteren Konzerten im Zimmermann'schen Garten aus einem Schatz bedienen konnte, um die Gäste mit schönsten Klängen aus menschlichen Kehlen und mit seinen höchsten künstlerischen Anforderungen entsprechenden Instrumentalistentönen zu entzücken vermochte.

Für die Annäherung an Bachs Affinität zum Opernstil seiner Zeit ist auch seine letzte weltliche Kantate unter den überlieferten Werken interessant: die sogenannte »Bauernkantate« aus dem Jahr 1742. Vermutlich wurde sie auf dem Rittergut Carl Heinrich von Dieskaus in Kleinzschocher von Mitgliedern des Bach-Collegiums unter Bachs eigener Leitung uraufgeführt. Es handelt sich um eine »Cantate en burlesque« nach einem Text des bereits mehrfach erwähnten Christian Heinrich Henrici, der – wie Dieskau selbst – zu den oberen Rängen der Steuerbehörden in der sächsischen Verwaltung gehörte.

Die Duett-Kantate »Mer hahn en neue Oberkeet« für eine Sopran- und eine Bassstimme ist eingangs in obersächsischem Bauern-Dialekt geschrieben, um dann in eine Reihe von rezitativischen Dialogen und Arien – insgesamt 24 kurze Nummern – in städtischere Sprachkonventionen einzubiegen. Musikalisch ist diese humorvolle Kantate ein buntes Potpourri von Bauerntänzen, populären Liedweisen und abwechslungsreichen höfischen Tanzformen. Die Spezialisten für barocke Tanzweisen haben hier die unterschiedlichsten Musikgangarten identifiziert: Polonaisen, Mazurken, Sarabanden, Bourrées, Paysannes, Passepieds – wie immer die Musiker und Tanzmeister der Hofopern an den damaligen Fürstenhöfen sie genannt und voneinander unterschieden haben mögen. Bach hat sogar die Lach-Arie des Pan aus dem bereits beschriebenen BWV 201 (»Zu Tanze, zu Sprunge / So wackelt mein Herz«) wieder aufgegriffen und hier originell eingepasst. Gewisse Experten vermuten, dies könnte historisch einer der letzten persönlichen Auftritte des Meisters – er war inzwischen immerhin 57 Jahre alt – als Leiter seines berühmt gewordenen »Collegium Musicum« gewesen sein. Dass diese Tänze mindestens so originell, witzig, ja überraschend elegant und mitreißend zugleich waren wie die seiner im Opernfach tätigen Komponistenkollegen der Barockzeit, wird niemand bezweifeln, der diese »Bauernkantate« einmal in einer den Standards unserer Zeit entsprechenden Aufnahme von Bach-Spezialisten gehört hat.

Abschließend noch ein Blick auf einen der wichtigen Poetik- und Ästhetikexperten, der zu Bachs Wirkungszeit in Leipzig im akademischen Leben der Stadt tätig und sehr einflussreich war. Johann Christoph Gottsched flieht 1724 mit seinem Bruder vom preußischen Rekrutier-Gebiet nach Leipzig und macht dort rasch Karriere als Dichter und Literaturtheoretiker. 1730 ist er bereits außerordentlicher Professor der Poesie an der dortigen Universität, ab 1734 wird er daselbst ordentlicher Professor für Logik und Metaphysik. Später wählt man ihn mehrfach zum Dekan der philosophischen Fakultät, fünfmal steht er auch als Rektor der Universität vor. Er ist Herausgeber mehrerer Zeitschriften, entwickelt sich zum eindeutigen »Wolffianer« und »Rationalist« unter den Poesieforschern und liefert nicht unwichtige Beiträge für ästhetische Debatten mit seinen Zürcher Kollegen Johann Jacob Bodmer und Johann Jakob Breitinger, ebenfalls Experten in Fragen »Critischer Dichtkunst«. Man überlegt vor allem: Wie sollen die Vernunft und die »Gemütsbewegungen« bei der Poesie und in den literarischen Gattungen miteinander in Einklang gebracht werden. Gottsched wird zum wichtigsten deutschsprachigen Exponenten einer rationalen Ästhetik nach dem Muster der französischen Frühaufklärung.

Bach hat in Leipzig mindestens bei drei seiner Kompositionen auf Texte von Gottsched zurückgegriffen, wobei zwei seiner musikalischen Werke, die auf Gottscheds Texten basieren, nahezu verschollen sind. Erhalten haben sich sowohl von der Hochzeitskantate »Auf, süß entzückende Gewalt« nur zwei Arien, vermutlich aus dem Jahr 1725, die Bach mit Parodietexten 1735 für sein Himmelfahrtsoratorium (BWV 11) wiederverwendet hat. Von der späteren Huldigungsmusik aus Anlass eines Besuches der kurfürstlichen Familie bei der Leipziger Ostermesse von 1738 hat sich (gemäß Musikwissenschaftler Alfred Dürr) nur Gottscheds »bombastischer Text« erhalten: »Willkommen, ihr herrschenden Götter auf Erden« (BWV Anh. 13). Besser unterrichtet sind wir über Bachs Komposition jener Trauer-Ode, die er zum Tod der Kurfürstin Christiane Eberhardine von Brandenburg-Bayreuth, der Gattin von August dem Starken, im Jahr 1727 geschrieben hat (BWV 198). Sie beruht auf Gottscheds Ode »Lass Fürstin, lass doch einen Strahl / Aus Salems Sterngewölben schießen«. Diese Komposition ist in allen ihren Teilen, sowohl bei den Chören wie bei Rezitativen und Arien ein Wunderwerk an Einfallsreichtum, an kompositorischer Fügekunst und an instrumentierendem Raffinement. Sogar Gottscheds Text kommt einem, von Bach so genial vertont, höchst angemessen und weit weniger bombastisch vor, als bei dessen sonst vertrautem barock-sprachlichen Überschwang.

Würdiger und schöner kann man sich eine Gedenkmusik für eine »Glaubenspflegerin«, wie diese Fürstin es war, nicht denken. Sie blieb bei ihrem lutherischen Glauben, obwohl ihr Gemahl August, um König von Polen werden zu können, zum katholischen Glauben konvertierte. Bach muss selbst von der Qualität der bei diesem Anlass komponierten Musik sehr überzeugt gewesen sein. Er verwendete Teile der Ode auch als Trauermusik für seinen von ihm hoch geschätzten Förderer Fürst Leopold von Anhalt-Köthen (1729/28) und zwei Jahre später wiederum für seine »Markus-Passion« (BWV 247).

Doch werfen wir nun noch einen Blick in Gottscheds »Versuch einer critischen Dichtkunst«, ein Werk, das erstmals 1730 als Druck erschien, danach wieder 1737 – ergänzt um die Übersetzung der »Ars poetica« des Horaz –, erneut 1742 und schließlich in einer »sehr vermehrten« Auflage noch einmal 1751. Die Schrift wurde zum gültigen Regelwerk für Debatten über Poesie und Dichtkunst, deren Gattungen und Ausformungen, und dies für ganz Deutschland. Wir dürfen davon ausgehen, dass Bach Kenntnisse von Gottscheds verbreiteter und weit herum diskutierter Literatur- und Gattungstheorie hatte. Hier interessiert uns jedoch ausschließlich, was Gottsched in diesem Werk über die Oper schreibt und was er – ganz in seiner Art – seiner Leserschaft einschärft. Es findet sich in dieser Schrift, die eines seiner Hauptwerke darstellt, unter: »Besonderer Theil, Das XII. Capitel: Von Opern oder Singspielen«.

Gottsched sammelt die damals geläufigen Ansichten zur Entstehung und Entwicklung der Oper und gelangt zur Überzeugung, diese Entwicklung sei in eine vollkommen falsche Richtung gegangen, weil die Musik allmählich die Herrschaft über die Sprache gewonnen habe: So habe diese den Ernst der Tragödie und die Schönheit der Poesie durch Arien der gekünstelten und gezierten Art »aufs seltsamste verderbet«. Die

Schuldigen erkennt er in den Italienern und Franzosen, insbesondere in Jean-Baptiste Lully, der den Vorrang der Musik vor jenem der Dichtung und der Poesie auf der Bühne durchgesetzt habe. Dabei verletze die Oper alle Regeln der Wahrscheinlichkeit und der Vernunft, indem sie die Zuschauer in eine Welt der Einbildung und der Zauberei versetze und ein klares Verständnis von Wort und erzählter Fabel verunmögliche. »Wir müssen uns einbilden, wir wären in einer anderen Welt, wenn wir eine Oper in ihrem Zusammenhange uns ansehen: so gar unnatürlich ist alles.« Dass man dort einem Mischmasch von Sprachen begegne – Rezitative in deutscher Sprache, Arien oft in ihrer Originalsprache auf Italienisch oder Französisch gesungen – ärgert den Puristen und Sprachreiniger vor allem: Die Oper sei eine importierte »welsche« Missgeburt, und er als ein Förderer des Poetischen und Vernünftigen, könne sich nicht entschließen, »die Oper für was natürliches, für eine geschickte Nachahmung menschlicher Handlungen oder überhaupt für Schönes zu erklären«. Zudem trage sie zur Beförderung der Wollust bei und sei eine »Verderberin guter Sitten«. Ein bisschen von dem, was wir heute Nationalismus oder gar Rassismus nennen, schimmert auch noch durch Gottscheds deutsche Ablehnung der Oper: »So wird die Weichlichkeit von Jugend auf in die Gemüter der Leute gepflanzet, und wir werden den weibischen Italienern ähnlich, ehe wir es inne geworden, dass wir männliche Deutsche sein sollten.«

Gedanklich orientiert sich Gottsched an der rationalistischen Ästhetik von Nicolas Boileau und dessen Primat der Sprache vor jenem der Musik. Die Rolle der Musik müsse wieder zurückgeschraubt werden zu ihrer dienenden Funktion – zu musikalischen Interludien und die Dramen auflockernden Tänzen. Autor Gottsched weiß auch, dass die Opernhäuser in Deutschland – Leipzig, Hamburg, Braunschweig und an den anderen fürstlichen Höfen – mit Schließungen und Pleiten zu kämpfen hatten. Er folgert daraus, es sei wichtig, »den großen

Herren die gar zu große Liebe ausländischer Sprachen aus dem Sinn zu ringen«, dann werde man mit der Zeit die Oper los sein und zum deutschen Singspiel mit tänzerischen musikalischen Einlagen wieder zurückkehren. Gottsched schlägt sogar eine neue Gattung von Singspielen für deutsche Bühnen vor, die er »allegorische Tanzspiele« nennt und in denen er allegorische Figuren in anmutigen Bewegungsarten auf der Bühne auftreten sieht, vergleichbar mit früheren heidnischen Ritualen, bei denen sich Sprache, Musik und Tanz durchaus den Regeln der Vernunft entsprechend vertragen und sinnvoll ergänzt hätten. Der Dichter gibt Beispiele für das, was er unter »allegorischen Tanzspielen« versteht: »Z. E. Die Jahreszeiten, die Welttheile [d. h. Kontinente], die Schutzgeister der Länder und Völker, die Monate, die vier Winde, die sieben Planeten, die Stunden des Tages und der Nacht, die himmlischen Zeichen, die Tugenden und Laster, die Wissenschaften und Künste; kurz, alles, was ein Poet, durch eine Personendichtung redend einführen kann, das kann auch in einem solchen Tanzspiele, tanzend vorgestellet werden.«

Was die wahren Poeten uns durch ihre Sprache sagen würden, sollten die Musik- und Tanzmeister in zu uns »redende Bilder« verwandeln. Sinn und Zweck solcher allegorischen Bühnenspiele sei es, »die verborgene Beschaffenheit des Gemüths abschildern« zu können. Gottsched beschließt seine Gedanken zur Oper mit der Bemerkung: »Vielleicht kommen einmal in Deutschland die Zeiten, da man durch dergleichen sinnreiche Erfindungen die Schaubühne wieder emporheben, und den bisherigen Wust der unnatürlichen Opern, in solche allegorische Tanzspiele; die abgeschmackten Haupt- und Staatsactionen, in herzrührende Trauerspiele, und die närrischen Burlesken der italienischen und anderer gemeinen Comödianten, in lehrreiche und scherzhafte Lustspiele verwandelt sehen wird.« Das ist es, was sich der gelehrte Poet und Philosoph für die Zukunft des Musiktheaters auf deutschem Boden wünscht.

Wenn wir davon ausgehen, dass Bach diese Gedanken des prominentesten Experten für Poesie und Kunsttheorie in Leipzig und Umgebung gekannt haben könnte, wird seine Motivation, sich im Alter doch noch mit einem Opernlibretto auseinanderzusetzen, nicht gerade groß gewesen sein können. Zumal er berühmte Kollegen in Dresden, Darmstadt und Hamburg hatte – ganz abgesehen von Antonio Vivaldi in Italien, Jean-Philippe Rameau in Paris und Georg Friedrich Händel in London –, die an bestehenden Theatern durchaus, die Ansichten und Wertungen Gottscheds gänzlich widerlegend, auf dem Gebiet der Oper ergreifende Werke schufen und mit vielen von ihnen große Erfolge feierten.

BWV 208
Kantate | »Was mir behagt, ist nur die muntre Jagd«
Nikolaus Harnoncourt

BWV 198
Kantate | »Laß, Fürstin, laß noch einen Strahl« (Trauer-Ode)
Rudolf Lutz

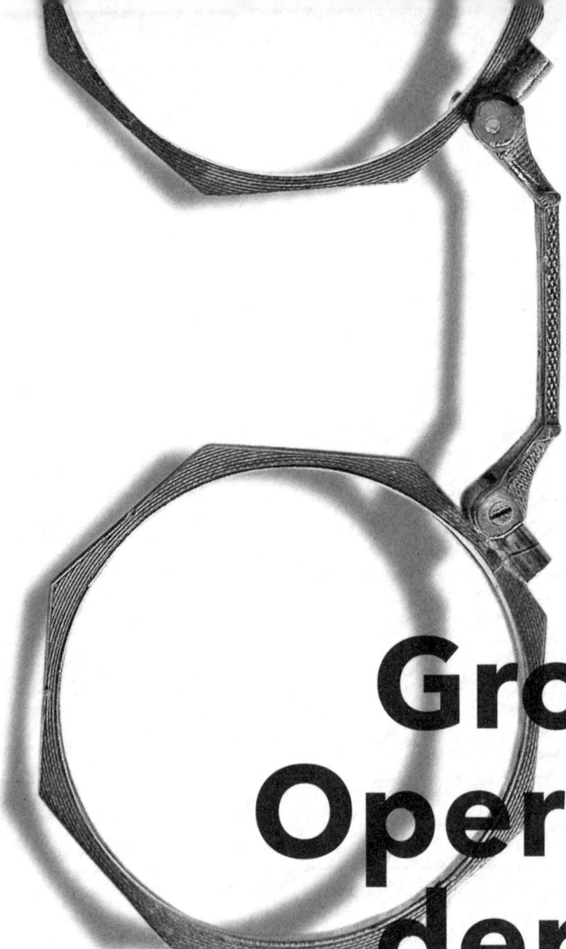

Große Opern der Barock- zeit

Dass die Opernkunst der Barockzeit kritik- und krisenanfällig gewesen sein muss, haben die Opernhistoriker überzeugend nachgewiesen. Zu den Krisenphänomenen gehören sowohl die Entwicklungen des Solistenwesens – der Primadonnen und der Kastraten mit ihren zum Teil für die Theaterintendanten exorbitanten Honorarforderungen – wie auch der sich verändernde Geschmack eines unterhaltungssüchtigen Publikums, das im Opernhaus weniger in sich gehen und mit den Helden der Bühne Rührung, Mitleid und Anteilnahme empfinden wollte, als sich in Gesellschaft von komischen Figuren wie Narren, Harlekinen, Schäferinnen und Kurtisanen prächtig zu amüsieren.

Neben den Kritikern des herrschenden Opernbetriebs tauchen immer mehr Befürworter jener Opernkunst auf, die dem gebildeten Publikum der größeren Städte die ernste und durch keine andere Kunst als durch die Musik zu erfahrende menschliche Gefühlspalette vorgeführt haben wollte. Es entstand jenes Genre, das man die Opera seria zu nennen pflegt und in der es darum geht, der Tragik antiker Götter und Helden und den ihrem Schicksal ausgesetzten Menschen in mythologischer und historischer Ausprägung gerecht zu werden. Diese Phase der Operngeschichte erstreckt sich von der Zeit nach Claudio Monteverdi bis zu Wolfgang Amadeus Mozart, also etwa zwischen 1650 und 1780. Da erlebt die Opera seria eine fantastische Entwicklung, sowohl in Bezug auf die poetische Textgestaltung wie im musikalischen Ausdruckbereich.

Durchaus vorstellbar, dass auch Bach von den erfahrensten und qualitativ hochstehenden Librettisten – denken wir an Pietro Metastasio – und von Komponisten wie Telemann, Hasse, Händel oder Carl Heinrich Graun hätte angeregt und motiviert sein können, sich an eine Opera seria zu wagen, denn es entstanden zu seiner Lebenszeit keineswegs nur dubiose und ad hoc zusammengeschusterte Flickwerke für die Opernbühne, sondern eine reiche Fülle von Meisterwerken gerade im Genre der Opera seria.

Wir leben in einer günstigen Zeit, um die hohe Kunst der Barockoper wiederzuentdecken und neu zu bewerten. Das in der Nachkriegszeit des 20. Jahrhunderts sich entwickelnde Interesse an historischen Aufführungspraktiken der Musik früherer Jahrhunderte hat zu einem neuen Umgang mit musikalischen Formen und somit zu großartigen Überraschungen und Entdeckungen geführt, insbesondere was die Musik des 17. und des 18. Jahrhunderts betrifft. Auch wenn die meisten Opern dieser Epoche vollkommen der Vergessenheit anheimgefallen sind – in den Augen vieler Kenner in den meisten Fällen auch nicht zu Unrecht –, so entstanden doch, zumal in den Jahren zwischen 1725 und 1750 in Italien, Frankreich, England und Deutschland Werke des musikalischen Hochbarocks, die man inzwischen zu den großartigsten Schöpfungen der Opernkultur zählen muss.

Im Jahr 2013 veröffentlichte die CD-Produktionsfirma harmonia mundi eine Kassette mit dem Titel »Baroque Opéra«, die auf 39 CDs und 3 DVDs 17 Opern aus den erwähnten europäischen Ländern bündelte, von denen man mit Fug und Recht behaupten darf, dass sie Zeugnis einer musiktheatralischen Tradition sind, wie man sich diese reicher und beglückender kaum denken, vorstellen und wünschen kann. Eine Sammlung von insgesamt 47 Stunden Musik, die dazu taugt, die Stileinheit wie die Stilvielfalt barocker Musikformen auf den europäischen Hauptbühnen vorzuführen. Die Einspielungen entstanden zwischen 1984 und 2007 in integraler Version, unter der kundigen Leitung von Dirigenten und Barockspezialisten wie William Christie und René Jacobs. Wir haben hier eine regelrechte Schatztruhe von Werken vorliegen, die – solistisch, chorisch und instrumental in höchst angemessener Weise interpretiert – kein wirklicher Opernfreund missen möchte.

Alles begann in Italien – das darf man, die Operngeschichte betreffend, ohne Übertreibung sagen. Denn die ersten Werke, die man berechtigterweise als Opern bezeichnen kann, entstanden dort: Eine mit menschlichen Stimmen gestaltete Musik unter Einbeziehung der an den Höfen und in den Städten verbreiteten Instrumentalmusik der gepflegten, aber auch der zu Tanz und Unterhaltung gern eingesetzten Musik. Es war die gegen Ende des 16. Jahrhunderts in den Palästen der Adeligen und Vermögenden erwünschte weltliche Ergänzung zu allem, was man in den Kirchen an musikalischer Kunst zu hören bekam. Während dort Gregorianik und Polyphonie in der Vertonung der Messetexte dekretiert waren, fühlte man sich in weltlichen Bereichen des Lebens befugt, auch andere Kunsttraditionen aufzugreifen und neu zu gestalten. Wie etwa die mit Instrumenten untermauerte Deklamation antiker Gedichte und Epen, die die Renaissance und der Humanismus ins Bewusstsein der Studierten und Gebildeten gehoben hatten.

Was in Akademien und Gelehrtenkreisen von Florenz und Rom an neuen Formen theatralischer und musikalischer Kunstausübung allmählich heranwuchs, gelangte zuerst in Mantua am Hof der Gonzagas, danach aber vor allem in den Theatern von Venedig zur Blüte. Es entstand damit das, was wir heute eine »Oper« nennen. Das heißt: Erleben sollte man eine Handlung, meist antiken und mythologischen Inhalts, als eine dramatische Vereinigung von Text und Musik auf einer immer mit größerer gestalterischer und technischer Raffinesse ausgestatteten Bühne. Als eindeutiger Großmeister dieser Form entwickelte sich der Kirchenmusiker und Madrigalkomponist von San Marco, Claudio Monteverdi, von dem es acht Opern gegeben haben soll. Nur drei davon haben sich in vollständiger Überlieferung erhalten. Doch wie alle Opernfreunde heute wissen: Was für Wunderopern! Von »Orfeo« über »Il ritorno d'Ulisse in patria« zum wohl größten Meisterwerk dieser Epoche: »L'incoronazione di Poppea« entstanden Werke, die bis heute zum Beglückendsten gehören, was man – mit den geeigneten Stimmen und Instrumentalisten heutiger Barockkompetenz aufgeführt – in einem Opernhaus erleben kann.

Die Form dieser Produktionen erwies sich rasch als sehr erfolgreich. Von Monteverdis Nachfolgern im Operngeschäft, etwa von seinem Schüler Francesco Cavalli, soll es bereits 32 Opern gegeben haben. Einige von diesen haben seit der Mitte des 17. Jahrhunderts ihren Weg über Venedig hinaus in andere Theater gefunden, nach Neapel und Mailand zum Beispiel. Vor allem aber hat diese in Venedig entstandene Theaterform auch in Paris eingeschlagen und dort Furore gemacht. Die Opernkunst von Venedig blieb für die Entwicklung des europäischen Musiktheaters für mehr als zwei Jahrhunderte von zentraler Bedeutung. Und dies, obwohl gerade die Bühnenwerke Monteverdis, des Begründers dieser neuen Kunstgattung, bald einmal in Vergessenheit gerieten und erst im 20. Jahrhundert für die Opernhäuser der Welt neu entdeckt wurden.

Auch die französische Opernkultur hatte einen Italiener als ihren Ahnherrn, nämlich den Florentiner Jean-Baptiste Lully. Er kam allerdings bereits in jungen Jahren nach Paris, machte dort in Adelskreisen Karriere und avancierte zum Vertrauensmusiker und Freund von König Ludwig XIV. In Versailles und in Paris etablierte sich rasch eine Art von Musiktheater, die sich klar von den operistischen Formen in Italien abzugrenzen suchte: die »tragédie lyrique«, die man auch »tragédie en musique« nannte. Ausgangspunkt für diese ganz eigene Entwicklung war eine Tradition des Sprechtheaters, wie diese in den französischen Gymnasien – oft in lateinischer Sprache – gepflegt wurde. So entstand parallel zu der gesprochenen klassischen Tragödienkultur, etwa in den Stücken von Pierre Corneille und Jean Racine, ein musikalisches »Pendant« dazu, ebenjene »tragédie lyrique«, die zwischen 1670 und 1750 florierte und durch Komponisten wie Lully, Marc-Antoine Charpentier und Jean-Philippe Rameau zu perfekter Ausformung gelangte. Dies war eine im Vergleich zum Sprechtheater ganz und gar ebenbürtige Kunstform, eine Gattung »sui generis«, in der neben der Sprache auch die Musik, der Tanz und die Bühnenkunst ihre Eignung beweisen konnten, um eine Zuhörerschaft anhand tragischer Schicksale von Göttern und Menschen zum Mitfühlen und Mitleiden zu bewegen.

Wer sich für die »tragédie lyrique« engagierte, befasste sich in der seriösesten Art und Weise mit den Möglichkeiten theatralischer Kunst, weit entfernt von allem, was man andernorts auf sogenannten Opernbühnen an virtuoser Liederlichkeit und an frivol-spaßiger Unterhaltung anzubieten beliebte. Große Komponisten haben freilich immer auch verstanden, tiefsinnige Komödien der erhellenden Art mit Musik auszustatten. So wie beispielsweise der 30-jährige Charpentier, als er 1673 für Jean-Baptiste Poquelins alias Molière letzte Komödie »Le Malade imaginaire« Intermezzi schuf, in denen Musik und Tänze die gesprochenen Partien mit bukolischen Elementen mythologischer Art, mit einem Auftritt von Figuren aus der »Commedia dell'arte« ergänzten. Am Ende gibt es sogar die burleske Zeremonie einer Doktorprüfung der Medizin, in der die Ärzte wegen ihres verdorbenen makaronischen Lateins köstlich karikiert werden.

England hatte in der frühen Barockzeit das Glück, mit dem Fundus von William Shakespeares und Christopher Marlowes Dramen geradezu über alles zu verfügen, was die Kunst des Theaters ausmacht: Tragödien, Komödien, Historien, Romanzen, Verserzählungen, kurzum alles, was sich in der einen oder anderen Weise in ein Bühnenerlebnis verwandeln ließ. Der größte Künstler im Bereich des Musiktheaters war damals sicherlich Henry Purcell, der in den Jahren zwischen 1690 und 1695 eine Reihe von Semi-Operas schuf, in denen sich gesprochene Partien mit gesungenen und getanzten Teilen abwechselten. So kennen wir aus der Feder von Purcell einen reichen Schatz an Theatermusik der feinsten und formenreichsten Art, geschrieben für Aufführungen von »King Arthur« (1691) oder von »The Fairy Queen« (1692), Letztere basierend auf Shakespeares »Ein Sommernachtstraum«. Als das musiktheatralische Meisterwerk der englischen Barockzeit gilt heute Purcells voll durchkomponierte Oper »Dido and Aeneas«, bei der sich die Experten streiten, wann sie entstanden sein könnte, etwa bereits 1684 für den Hof Karls II., oder aber – jedenfalls in ihrer vollständigen Ausgestaltung – erst gegen 1689 für das Mädchenpensionat in Londons vornehmem Stadtteil Chelsea. Zweifelsohne liegt hier ein Werk vor, das die Hörerinnen und Hörer der so beglückenden wie tragischen Begegnung von Aeneas und Dido musikalisch ebenso beflügelt und animiert wie in seinen komischen Szenen mit ihren kreischenden Hexen und tanzenden Furien.

Der Erfolg von Georg Friedrich Händel um 1711 mit seinem »Rinaldo« in Londons »Queens Theatre« markiert den Anbruch einer anderen Opernkultur auf englischem Boden, nämlich die definitive Dominanz der italienischen Oper in englischen Adelskreisen und in der reichen Handelsstadt London. Beinah 50 Jahre lang – bis zu Händels Tod 1759 – wird dieser Mann das Opernleben Londons in seinen wesentlichen Aspekten mitprägen, finanzielle Krisen für die Finanzierung seiner unterschiedlichen Operntruppen mit ihren teuren Starsängerinnen und berühmten Kastraten überstehen, Mäzene gewinnen und verlieren, den ideologisch bedingten Wechsel von der Attraktivität antik-heidnischer Stoffe zu Oratorien biblischer Provenienz mit vollziehen und praktisch bis zu seinem Todestag das englische Musikleben befruchten. Seine musikdramatischen Werke gehören heute zum unvergänglichen Reichtum europäischer Opernkultur.

Über die Situation des Opernlebens im barocken Deutschland – Telemann und Keiser in Hamburg, Hasse in Dresden, Graupner in Darmstadt und über andere Fürstenhöfe, an denen vor allem das weltlich orientierte Musikwesen gepflegt wurde, haben wir bereits einiges angemerkt. Nachzutragen wäre hier vielleicht, als einen weiteren Leuchtstern unter den Opernkomponisten der Bach-Zeit in Deutschland, der Name von Carl Heinrich Graun, der ab 1742 in der neu erbauten »Oper unter den Linden« in Berlin als Kapellmeister Friedrich des Großen wirkte und insgesamt 28 Opern bis zu seinem Tod 1759 schuf, die meisten in italienischer Sprache. Seine »Cleopatra e Cesare« jedenfalls gehört zu jenen Opern, von denen man sagen darf, dass ihre Wiederaufführung für Freunde der Barockmusik von heute eine überraschende Entdeckung und ein reicher Gewinn ist.

Wir wollen uns hier am Leitfaden von zwei Meisteropern der Barockzeit fragen, was einen Komponisten wie Johann Sebastian Bach an der dramatisch-musikalischen Kunst weltlichen Inhalts interessiert haben könnte und eigentlich sogar interessiert haben müsste. Der Meister in Leipzig konnte auf musikalischem Gebiet zwar wohl alles, wollte es aber offenbar nicht! Vermutlich, weil er seine eigenen Vorstellungen davon hatte, was zu einem Musiker und Komponisten, wie er es nun einmal war, passte und was nicht. Es ist unwahrscheinlich, dass er die beiden hier ausgewählten Werke gekannt hat, geschweige denn: dass er diese bei einer Aufführung in einem Opernhaus je gehört haben könnte. Dennoch gehören sie exemplarisch zum beeindruckenden Opernrepertoire der Barockzeit, weil sie und ihresgleichen die musikalische Ausdruckskunst dieser Epoche wesentlich erweiterten und entscheidend zur Gefühlsvielfalt und zum Erlebnisreichtum barocker Musikerfahrungen beitrugen.

Beginnen wir mit einer Oper von Antonio Vivaldi. Bach hatte von den Instrumentalkompositionen seines Kollegen eine hohe Meinung; dies bezeugen seine eigenen Konzertbearbeitungen von dessen Werken. Hätten da nicht auch die Opern des Italieners seine Neugierde wecken müssen? – Vivaldi selbst behauptete, er habe 94 Opern komponiert, beglaubigt erhalten und eigenhandschriftlich überliefert sind 16 davon.

In der Kirchenmusik, in den Kantaten, aber ebenso in seinen für unterschiedliche Instrumente komponierten Concerti fühlte sich Bach in den 30er-Jahren des 18. Jahrhunderts längst als Herrn und Meister seiner eigenen Sache. Doch wie war dies, wo es um die Oper ging? Interessierte er sich dafür vielleicht gar nicht? Anzunehmen ist, dass Bach nie die Abschrift einer vollständigen Opernpartitur Vivaldis in Händen gehalten hat. Antike Stoffe mit einem »Deus ex machina« am Ende, der menschliche Paare in harmonischer Weise wieder zueinanderfügt, nachdem diese ihre schwankenden Gefühle zueinander in virtuoser oder berührend-schlichter Gesangsweise demonstriert haben: Das kann für Bach nicht von oberstem Interesse gewesen sein! Auch hatte er, zumal in seinen Kirchenkantaten und Passionen, bis zu dieser Lebensphase Beweise genug dafür geliefert, wie meisterhaft er es verstand, secco oder accompagnato gefasste Erzählteile in glanzvolle Arien münden zu lassen, die von der menschlichen Stimme und oft ebenso von den obligat vorgesehenen Soloinstrumenten allergrößte technische Fertigkeiten voraussetzten. Bei der melodischen Gestaltung und Ausführung der Arien allerdings wäre Bach mit einer ausgeschriebenen Opernpartitur Vivaldis in der Hand mit Sicherheit ins Staunen geraten. Vielleicht sogar auf andere musikalische Lösungen gekommen, als auf die von ihm selbst bereits erprobten?

Werfen wir aus vielen gegebenen Möglichkeiten einen Blick auf Vivaldis Oper »Olimpiade«, die, auf einem im Verlauf seiner Geschichte vielfach vertonten Libretto von Pietro Metastasio beruhend, 1734 während des Karnevals von Venedig im Teatro Sant'Angelo ihre Erstaufführung erlebte. Sie spielt zur Zeit der klassischen Olympiaden Griechenlands und schildert das Auseinanderdriften und wieder Zueinanderfinden zweier Herrscherfamilien aus Kreta und aus Sikyon im nördlichen Peloponnes. Im Jahr 2002 wurde die Oper in einer Neutranskription und maßgeblichen Revision durch Rinaldo Alessandrini und sein Ensemble »Concerto italiano« so eingespielt, dass man der Produktion mit nicht ausbleibend wachsendem Enthusiasmus folgen muss. Bereits Vivaldi hatte die überlangen Rezitative Metastasios gekürzt, sich aber bei den Arien allergrößter Sorgfalt befleißigt, die reiche Gefühlspalette der handelnden Figuren in ihren rasenden, leidenden und liebenden Aspekten herauszustellen. Die Oper besteht – in dieser von Alessandrini revidierten Ausgabe – aus 3 Akten, aufgeteilt in 35 Szenen, darin 39 Rezitative, davon in jedem Akt je ein Accompagnato, und 21 Arien, einem Duetto (Schluss von Akt 1) und 3 kurzen Chorszenen. Hier interessieren vor allem Vivaldis geniale Gestaltung und Behandlung der in den Arien besungenen Empfindungen der jeweiligen Figuren.

Das Thema der Oper ist konventionell. Ein König und zwei Liebespaare, die erst nach langen Missverständnissen, Wirrnissen, vermeintlichem Tod, Mordanschlägen und Personenverwechslungen (so funktioniert halt Oper!) zueinanderfinden, hier ergänzt um die beliebten Figuren eines Erziehers und eines Vertrauten des Königs. Sieben Personen also, gesungen von je zwei Sopran- und Contraltostimmen, einem Mezzosopran, einem Bariton und einem Bass. Damals konnten sowohl die Sopran- wie die Contraltopartien mit Kastraten besetzt werden.

Inhaltlich spielt neben der Liebe die Freundschaft eine interessante Rolle. Vor allem die Frage: was Freunde füreinander zu tun und zu leiden bereit sind. Das Begleitorchester ist relativ bescheiden: die Streichergruppe, die obligate Basso-continuo-Gruppe, Alessandrini erweitert das Violoncello und das Cembalo um Fagott und Theorbe, bei bestimmten Arien kommen überraschend zwei Hörner zum Einsatz. Die Aufgaben des Chors sind minimal. Auffallend ist, wie selten Vivaldi virtuose Paradearien in der gesamten Oper einsetzt, sondern bei den Liebes- und Leidenspaaren stark zu pastoral-bukolischen Weisen greift. Virtuos auftrumpfen dürfen eher die Männerstimmen als die damaligen Kastraten, die sonst gerne ihre Stimmakrobatik einem für Sensationen dankbaren Publikum feilboten. Eine historisch informierte Aufführungspraxis, wie Alessandrini diese pflegt, weiß aber um die Notwendigkeit, Da-Capo-Arien nicht eins zu eins zu wiederholen, sondern überrascht mit improvisatorischen Freiheiten, die gewaltig zur Attraktivität repetierter Arienteile beiträgt.

Die von Vivaldi in den Arien gestaltete Gefühlsvielfalt ist erstaunlich groß. Wir erwähnen die besungenen Affekte hier nur summarisch, ohne sie handlungs- und personenspezifisch zuzuordnen, weil so zum Ausdruck kommt, wofür ein Komponist wie Vivaldi in einer Oper den passenden Ton und die geeignete musikalische Sprache finden musste.

Am Anfang steht die Arie des Megacle »Superbo di me stesso«. Es geht um den Stolz eines Menschen, für einen Freund antreten zu dürfen, und um die Zuversicht und Beherztheit, die Freundschaft verursacht und verbreitet. Den Namen des Freundes auf der Stirne, wie man diesen im Herzen trägt! Die Antwort des Freundes Licida: Freundschaft ist wie ein Pferd, das zum eigenen Stall rennt, den Lauf beschleunigend, ohne Furcht vor Zügel und Befehl, eine »anima piena di speme« – die Seele voller Freude und Erwartung. Aminta, der altkluge Ratgeber, will es aber besser wissen: Wer auf die Hoffnung baut, findet »affanni e pene«, er geht Sorgen und Leiden entgegen, wiegt sich in Illusionen und ist am Ende ein Leidender. König Clistene weiß dies auch: Man soll sich, ob Mann oder Frau, über das Schicksal nicht beklagen, denn es macht uns zu Sklaven. Zumal die weibliche Schönheit unterwirft sich immer wieder die Stärke der Männer. Die Frauen scheinen zwar deren Sklavinnen zu sein, in Wahrheit beherrschen sie in ihrer Dienerrolle aber eindeutig die Männer. Aristea, die Tochter des Königs, weiß es genau: Das Schicksal ist grausam, es kreuzigt die Frauen in ihrem Liebesdrang, sodass sie in ihrem Innern keinen Frieden finden. Sie bittet ihre Freundin Argene, dem Geliebten ihre Treue kundzutun. Denn wo das Schicksal uns jagt und plagt, gibt es keinen Frieden in der Seele. Die Freundin täuscht sich nicht über die Realität: Unter tausend Liebenden gebe es nicht mehr als zwei Seelen, die einander treu und zugetan seien, obwohl doch alle von Treue redeten! In der öffentlichen Meinung würden Liebende als einfältig und dumm gelten.

Dass ein Liebender durch einen Wettkampf für seinen Freund die eigene Geliebte gewinnen soll, ist eine harte Probe der Freundschaft! Megacle sammelt im Schlaf Kräfte für den bevorstehenden Kampf, sein Freund Licida singt ihm dazu die Schlafarie: »Mentre dormi«: »Während du schläfst, möge die Liebe in deine Träume die Vorstellung meines Glücks legen. Der Fluss soll seine Geschwindigkeit mindern, die Winde ihr Geräusch. Liebe nähre die Freude deiner Träume mit der Vorstellung meines eigenen Glücks.« In einem Duett nimmt Megacle Abschied von seiner geliebten Aristea, die er nun an seinen Freund verlieren soll. »Tacendo – parlando – tu mi trafiggi il cor«: »Wenn du redest, wenn du schweigst, es durchsticht mir das Herz.«

Im zweiten Akt folgt zuerst die Empörungsarie Alcandros – der Vertraute des Königs –, der enttäuscht ist, wie seine Nachricht, Licida habe im Wettkampf gesiegt, von Aristea aufgenommen wird. Wie kann sie ihm nur mit so unverdienter Verachtung begegnen? Darauf verkündet Aristea ihr Liebesleid in einer der poetischsten Arien der gesamten Oper: »Sta piangendo la tortorella.« Es weint und klagt die Turteltaube, solange sie allein und verlassen ist. Doch kehrt ihr Geliebter in den Wald und ins Nest zurück, beginnt sie wundersam süß zu singen und ist glücklich und getröstet. Aristea weiß, dass ihr kein solches Glück bevorsteht: Immer wird sie unglücklich, leidend und allein bleiben. Auch Argene, die einst in Kreta Licida liebte, bevor sie ins Exil musste und dort als »Schäferin« überlebte, erinnert sich an den Verlust des Geliebten, allerdings eher in Zorn und Empörung als in Leid und Verzweiflung. Das erlittene Unrecht und die falschen Versprechen seien die Kette, die die menschliche Seele binden und peinigen würde. Es folgt die virtuose Arie des Erziehers

Aminta: Wir Menschen sind schaukelnde Boote, verlassen in eisigen Wellen. Unsere Gefühle sind stürmische Winde, und unsere Sucht nach Lust und Vergnügen sind die Felsenklippen, an denen wir zerschellen und scheitern. »Tutta la vita è mar!« Unser ganzes Leben ist ein gefährlich tobendes Meer. Die Vernunft sollte unser Steuermast sein. Am Ende wird diese überwältigt von den Wellen unserer Leidenschaften.

Auch König Clistene hat seine Lebenslektion gelernt: Wie eine Schlange, die sich um einen Baumstamm windet, so fesselt Liebe unsere Herzen. Der König weiß aber auch, was es für eine schöne Sache ist, von den Ketten der Liebe gebunden zu sein. »Non sa che sia diletto / chi non intende amor!«: »Wer die Liebe nicht zu begreifen sucht, weiß nicht, was Lebensfreude ist.« Die folgende Arie des Megacle wird durch ein dramatisches Accompagnato-Rezitativ eingeleitet. Es ist die Verzweiflung darüber, dass er nun seinen Freund und seine Geliebte verloren hat. Soll man da noch am Leben bleiben? Der Himmel möge die anderen glücklicher machen als ihn. Er steht an einem »abisso di pene«: an einem Abgrund der Schmerzen. Aber auch Aristea steht an einer Schwelle zwischen Leben und Tod: Wenn du mich verlässt, tötest du mich! Und Licida ist am Ende des 2. Aktes ebenfalls in totaler Verzweiflung: Er zittert, seufzt, hat tausend Furien in seiner Brust, durch die Venen seines Körpers fließt eiskaltes Gift.

Der 3. Akt wird die Versöhnung der Paare bringen, nachdem Selbstmorde und Attentate verhindert werden. Alcandro darf noch über »l'aspra sorte« – das harte und bittere Schicksal – sinnieren, das Mitleid errege. Die Königstochter Aristea vergisst ihre Enttäuschung und ihre Trauer und entdeckt Megacle gegenüber Empathie: Die Gefühle ihres Geliebten werden erneut ihre eigenen. »Ogni tuo desir diventa il mio«: »Jeder deiner Wünsche wird wieder zum Meinigen.« Megacle seinerseits will dem zum Tode verurteilten Freund Licida helfend entgegeneilen. In der Not werden die wahren Gefühle der Freundschaft wieder sichtbar, so wie im Feuer die unedlen Elemente sich vom Gold absondern und dieses gereinigt zurückbleibt. Auch der kluge Aminta weiß: Es lohnt sich zu kämpfen, selbst für den Schwimmer, der im stürmischen Meer gegen den Tod schwimmt, selbst wenn er gerade eine Halt bringende Planke, dann einen wegweisenden Stern aus den Augen verliert. Die Lösung aller Konflikte, das Wiederfinden von Vater und Sohn, die Erlösung von vermeintlich notwendigen Menschenopfern, die glückliche Vereinigung der Paare: Alles kommt schnell und etwas gar »ex machina« zustande, so wie es bei einer Aufführung während des Karnevals von Venedig gar nicht anders machbar wäre!

Das Finale des 3. Aktes ist kompositorisch stark rezitativlastig und arienarm, sogar der Abschlusschor ist von verblüffender Kürze und Einfachheit, als wären die Besucher des Theaters in großer Eile gewesen, nunmehr zu anderen mit dem Fest versprochenen Vergnügungen zu gelangen. Dennoch gilt festzuhalten, dass die Arien dieser Oper einen solchen Reichtum an Affektvariationen ihrer Protagonisten bieten, dass damalige wie heutige Zuschauer und Zuhörer dieses Werkes vom musikalischen Genie Vivaldis tief beeindruckt sein mussten und müssen.

Wenden wir den Blick noch zu Georg Friedrich Händel, dem auf dem Gebiet der Oper wohl bedeutendsten deutschen Komponisten der Barockzeit. Bei Händel stoßen wir auf Typen von Opern, von denen man in kompositorisch-gestalterischer Hinsicht davon ausgehen kann, dass Bach sich für diese Werke interessiert haben müsste, hätte er sie gekannt und im Theater erleben können. Unter Händels 42 Opern und seinen 25 Oratorien, von denen einige mehr als nur »bühnentauglich« sind, gibt es aus seiner Früh- und Spätzeit Werke von derart perfekter Machart, von solcher dramatisch-musikalischer Überzeugungskraft und Vollkommenheit, dass Kollege Bach ihnen mit Sicherheit sein Interesse zugewandt hätte, sofern er diese als Partitur unter die Augen bekommen hätte.

Aufgrund der Krisenanfälligkeit und der finanziellen Turbulenzen und Unberechenbarkeiten im von starker gegenseitiger Konkurrenz geprägten Opernbetrieb Londons entwickelte Händel nach 1739 eine Vorliebe für das englischsprachige Oratorium, das in der Regel biblisch-alttestamentliche Figuren und Ereignisse zum Inhalt hatte. Diese Produktionsform räumte aber auch der in England wichtigen Chortradition eine zentralere Rolle ein, eine größere jedenfalls, als es die vom solistischen Starglanz geprägte, ja geradezu verdorbene italienische Barockoper tat. Händel hat in vorsichtigem Maße auch weltliche Themen der Oratorienform angepasst, so etwa 1737 durch Wiederverwendung eines frühen Musikdramas von 1707 als »Il trionfo del tempo e della verità«, 1740 »L'Allegro, il Penseroso ed il Moderato«, zwei auf Allegorien beruhende musikalische Glanzstücke. Später – nunmehr in englischer Sprache, die das Publikum offenbar immer mehr begehrte und wünschte – folgten 1744 »Semele« und 1745 »Hercules«, bei denen es um Figuren aus der antiken Mythologie ging.

»Semele« darf ohne Übertreibung als eines der faszinierendsten Musikdramen der Barockzeit bezeichnet werden. Händel fügte der Ankündigung seiner Vertonung von »The Story of Semele« im königlichen Theater von Covent Garden die interessante Bemerkung hinzu: »After the Manner of an Oratorio«, so als wolle er darin sichergehen, dass man sein Werk für eines »in der Art eines Oratoriums« halte, denn man könnte es ebenso gut als eine »Oper in englischer Sprache« ansehen.

Händels Geschichte der Semele passt, wie wir heute wissen, weit besser in ein Opernhaus, als nur in einem Oratoriensaal konzertant aufgeführt zu werden. Das Werk wurde in den vergangenen Jahrzehnten für die Bühne regelrecht neu entdeckt; darin sind sich Liebhaber von Händels Musik inzwischen einig. Denn »Semele« ist aus vielerlei Gründen geradezu eine »Vorzeigeoper« der Barockzeit, weil alles, was uns in Barockopern an Sterilität der Abläufe, Monotonie der Wiederholungen, Absehbarkeit der Handlungen und an schematisch-konventionellen Tanzeinlagen von Hirten und Nymphen so missfallen und langweilen mag, hier wie weggeblasen ist. Zwischen Anfang und Ende ist diese Musik durchgehend von anstachelnder Frische, von packendem Tiefgang, von verführerischer Melodik, von ergreifender Trauer über den Ehrgeiz und die Hybris der Menschen erfüllt.

Im Januar 2007 wurde im »Opernhaus Zürich« eine Inszenierung der »Semele« aufgezeichnet, für die der kanadische Regisseur Robert Carsen verantwortlich zeichnete. Die musikalische Leitung lag in den erfahrenen Händen von William Christie, es sang eine herausragende Schar von Solisten, allen voran Cecilia Bartoli als Semele, und der Chor des Opernhauses sowie die Barockformation des Opernorchesters »La Scintilla« waren in Hochform. Wer damals nicht dabei sein konnte, kann die exzellente Aufführung heute auf DVD erleben. Wird eine Barockoper so aufgeführt wie in diesem Fall, ist um deren Attraktivität, Vitalität und Modernität nicht zu bangen!

Die Frage, die sich hier stellt, lautet: Was hätte Bach an Händels »Semele« begeistern müssen? Vor jeder Begutachtung der musikalischen Kunst Händels: Schon das Libretto von William Congreve hätte Bachs Aufmerksamkeit gewinnen müssen! Es ist die Geschichte einer Frau, die sich nicht mit einem Gott abfinden will, der sich ihr nur in Menschengestalt als Geliebter nähert, sondern die diesen in seiner Göttlichkeit erleben will. Somit handelt es sich um die Geschichte einer menschlichen Hybris, die in die Selbstvernichtung führen muss.

Johann Sebastian Bach war hinreichend gottgläubig und menschenvertraut, um darin mit Sicherheit ein Drama des Ehrgeizes, des Hochmuts, der Selbstüberschätzung und menschlicher Tragik wahrzunehmen. Hätte er Congreves Libretto in Händen gehalten – er kannte sich ja mit zulänglichen und unzulänglichen Textsorten in seinen Kantaten gut genug aus –, so hätte er vermutlich gejubelt, in einer Vorlage zu einem

»dramma per musica« so prägnante, knappe, treffgenaue und so wohl gereimte wie inspirierende Verse zu finden. Gar nicht zu reden von Händels musikalischen Lösungen, bei denen Bach gewiss deren Neuartigkeit, Kühnheit und melodischen Zauber bewundert hätte.

Was für ein geniales Wechselspiel von Rezitativen mit dramatischen Einsätzen des gesamten Instrumentariums! Was für Choreinsätze, die Arienmotive aufgreifen und weiterspinnen! Welcher Reigen von Affekten der Zuneigung, der unerfüllten Sehnsucht, der Hingabebereitschaft im Konflikt mit solchen des Eigensinns, des Trotzes, des beleidigten Stolzes. Der Wahn eigener Unvergleichlichkeit wechselt unversehens in das Bewusstsein, das Glück des Lebens verspielt und verloren zu haben. Dazwischen stehen überaus komische Szenen der Juno-Vertrauten Iris oder des Schlafgottes Somnus, in denen spielerische Begehrlichkeiten und allzu menschliche Götterfrechheiten herrlich zum Vorschein kommen. Die Spiegelarie der Semele (»Myself I shall adore«) ist ein Paradestück an virtuoser Selbstverliebtheit, der darauffolgende Ratschlag der Juno »Be wise, as you are beautiful« eine schlangenschlaue Umgarnung von Semeles Eitelkeit. Wundersam eingeflochten sind in diesem sich entwickelnden Ungemach der nahenden Katastrophe lyrische Momente elegisch-melodischer Natur, wie etwa die Arie des Jupiter »Where'er you walk«: Wo immer du deinen Fuß hinsetzt, mögen kühlende Winde dich erfrischen, die Bäume sollen sich neigen, um dir Schatten zu spenden, wo immer du deine Augen hinwendest, soll alles in schönsten Farben erblühen!

Wer ein solches szenisch-musikalisches Fest erlebt, wie es Händels »Semele« bietet, kann am Ende nur mit dem Chor einig gehen: »Happy, happy shall we be!« Kein Wunder, dass aus der Asche Semeles am Ende ein Phönix in den Himmel aufsteigt und Bacchus für alle »guiltless pleasures«, das heißt alle Lustbarkeiten der schuldfreien Art, auf den Plan rufen wird. Wahrhaftig eine Barockoper ohne Fehl und Tadel, die selbst einen so ernsten wie kritischen Besucher wie Johann Sebastian Bach mitgerissen haben müsste – hätte er diese je auf einer Bühne erleben können! London und Leipzig lagen damals jedoch weit auseinander!

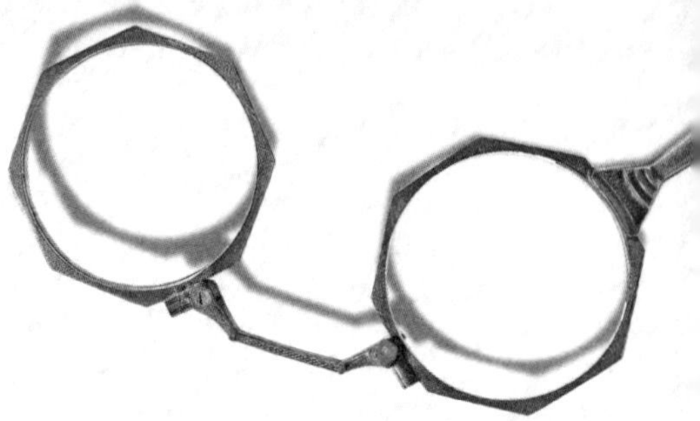

Ein idealer Ort für eine Bach-Oper?

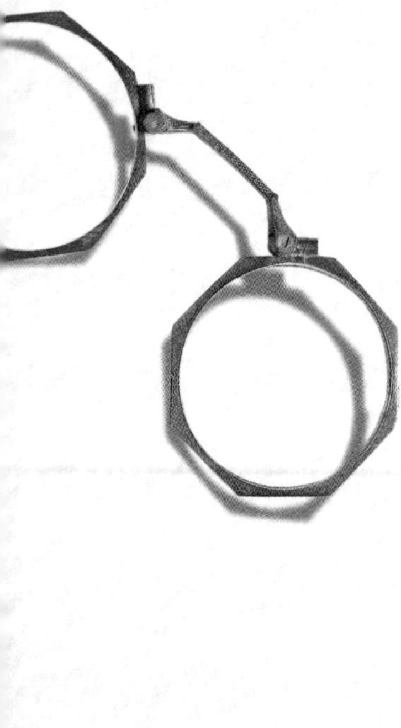

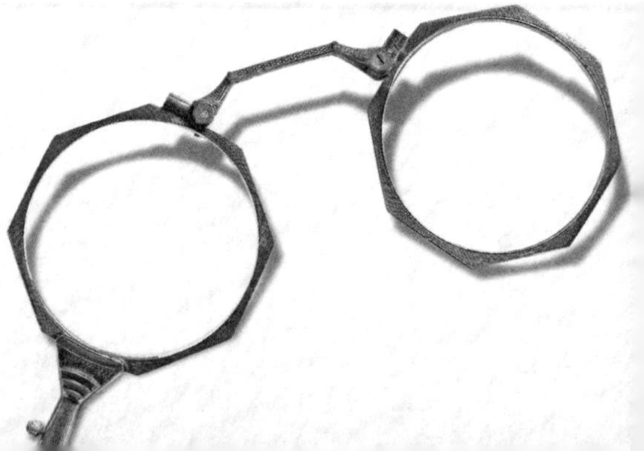

Der österreichische Graf Johann Adam von Questenberg, Herr über verschiedene Ländereien im Habsburgischen Reich, Schlosserbauer und Mäzen, war – was seine großzügige Förderung der Musik seiner Zeit erklärt – selber ein begeisterter Musiker und tüchtiger Lauten- und Theorbe-Spieler. In jungen Jahren war er auf einer europaweiten dreijährigen Bildungsreise gewesen, hatte in Frankreich vor allem Versailles und den dortigen Hofstil um 1700 kennengelernt, pflegte aber auch Kontakte mit vielen italienischen Musikern, die ihm die venezianische und neapolitanische Opernkultur näherbrachten. Zunächst machte er in habsburgischen Hofdiensten Karriere, verfügte offenbar über sehr viel Kapital, denn er ließ nicht nur das Familienpalais in Wien erneuern und umgestalten, sondern baute ebenfalls auf seinen Gütern in Böhmen, Mähren und in Niederösterreich prachtvolle Residenzen. Die luxuriöseste wurde sein Palast im mährischen Jarmeritz, mit Schlosskirche, Schlosstheater und Schlosspark, die in den Jahren 1700 bis 1737 entstanden, ein wahres Barockjuwel in der gesamten Baugeschichte Mährens. Konzipiert ist der Bau wohl nach Plänen der Wiener Baumeister Jakob Prandtauer und Johann Lukas von Hildebrandt, für die tatsächliche Ausführung sorgte dann aber zwischen 1711 und 1737 der Bauleiter Tobiáš Gravani.

1735 wurde Questenberg Prinzipalkommissar beim Mährischen Landtag, was mit sich führte, dass sich Schloss Jarmeritz immer mehr als sein Hauptsitz etablierte. Bereits in Wien organisierte der Graf um 1710 musikalische Ereignisse in seinem Stadtpalais. In Schloss Jarmeritz erhielten seine musikalischen Ambitionen aber eine noch weit größere Dimension. »Das österreichische Musiklexikon« weiß darüber zu berichten: »Die ersten Opernaufführungen im Jarmeritzer Schlosstheater fanden im Herbst 1722 statt; es wurde 1734 umgebaut (der Theatersaal im Ostflügel des Schlosses war mit seinen 12,6 x 14,5 m nicht sehr groß). Das Theaterorchester hatte etwa 20 Mitglieder. Die erste repräsentative, vor zahlreichen Adeligen im Schlosstheater gegebene Vorstellung fand 1723 statt. Die Anzahl der 1722–52 in Jarmeritz herausgebrachten Opern- und Oratorienaufführungen (Premieren und Reprisen) beträgt etwa 200, sodass der dortige Theaterbetrieb in einigen Jahren sogar den professionellen Bühnen wie z. B. jener in Brünn gleichkam. Questenberg legte in Jarmeritz auch einen Schlosspark mit einem Heckentheater an (1734) und ließ auf dem dortigen Fluss Wassermusiken (›Musicae navales‹) produzieren. Er förderte durch eine enge Zusammenarbeit der Jarmeritzer Schlosskapelle mit der Kirche und der Schule die musikalische Erziehung der Jugend. Er verfügte über ein ausschließlich aus eigenen Bediensteten und Untertanen zusammengestelltes, stabiles und qualitativ hochstehendes Musikensemble (für 1706–52 sind mehr als 20 Sängerinnen und Sänger sowie mehr als 50 Instrumentalisten dokumentiert).«

Questenberg unterhielt Kontakte zu zahlreichen Komponisten seiner Zeit, vergab Aufträge an Librettisten, an Ballettmeister und Choreografen, sogar an bedeutende Bühnenausstatter, vor allem an jene, die in Wien große Namen waren. Es haben sich davon 20 Bildentwürfe für Opern in Jarmeritz erhalten. Als Schlosskapellmeister wirkte zwischen 1732 und 1744 František Vaclav Míča, der die vielfältigsten Anpassungsaufgaben von Werken zu übernehmen und zu verantworten hatte, die anderswo entstanden waren und nun auf die Gegebenheiten von Schlosskirche und Schlosstheater zugeschnitten werden mussten. Er wurde dabei unterstützt von einem Dekan und von einem Vikar aus Jarmeritz, deren Aufgabe es war, bestimmte italienische Libretti auf Deutsch oder sogar auf Tschechisch zu übertragen. Als Komponist gilt Míča als ein nicht sehr bedeutender Epigone von italienischen Musikern wie Giacomo Carissimi oder Antonio Caldara. Ihm kommt aber das Verdienst zu, die allererste Oper gesamthaft in tschechischer Sprache auf die Bühne gebracht zu haben. Somit kann man ihn als den eigentlichen Begründer der tschechischen Operntradition ansehen.

Bei Questenberg war er – im Amt eines Kammerdieners – das absolute musikalische Faktotum: Er war Sänger, Kopist, Chorleiter, Dirigent der Schlosskapelle, Komponist angepasster Opern, ebenso von Huldigungsmusiken und von »Intermezzi« für Balletteinlagen. Kurzum: ein äußerst hilfreicher Mann für Questenberg, der den Ehrgeiz hatte, mit seiner Musikkultur auf Schloss Jarmeritz weit über Wien hinaus Ruhm zu ernten. Als der Graf 1752 in Jarmeritz starb, begann allerdings ein rascher Niedergang der höfischen Musikkultur am Ort. Heute beherbergt das neu instand gesetzte Barockschloss wieder sommerliche Musikmatineen und Serenaden und lässt ein Ferienpublikum etwas vom Glanz der Hofkultur aus Questenbergs Zeiten erahnen. Die verschiedenen Säle des Schlosses samt Instrumentensammlung sind für jemand, der den Reichtum spätbarocker Kulturleistungen erleben will, eines Besuchs mehr als nur würdig.

Dokumentiert ist, dass Johann Adam Graf von Questenberg sowohl mit Antonio Vivaldi wie mit Johann Sebastian Bach in brieflichem Kontakt stand. Dass sein Versuch, bei Bach 1749 ein Werk für sein Schlosstheater in Jarmeritz in Auftrag zu geben, wegen des Alters und fortschreitender Krankheit des Komponisten, zumal seiner schwindenden Sehkraft, zu nichts führte, ist in musikhistorischer Perspektive ein großer Verlust. Es setzt jedoch die Fantasie frei, sich auszumalen, wie die erwünschte Lustbarkeit für das Schlosstheater ausgesehen haben könnte. Dabei ist zu bedenken, dass sich einige der repräsentativen Räume des Schlosses – der Ahnensaal, der Tanzsaal, das chinesische Kabinett, aber auch die »sala terrena« im Erdgeschoss sowie das römische Bad – durch hohe qualitative Ausstattungskunst auszeichnen, als sei es dem Hausherrn darum gegangen, nur gerade das Beste vom Besten spätbarocker Wohnpracht in seiner Residenz zur Schau zu stellen. So ist die Decke des Ahnensaals beispielsweise mit allegorischen Fresken bemalt, die einen direkten Bezug zur Gründungsgeschichte von Jarmeritz haben. Vor allem aber stechen jene Gottheiten und Musen hervor, die seit der Antike für die Pflege der Künste stehen. Darum erscheinen prominent im hellblauen Himmel der Deckenmalerei Polyhymnia, die Muse des ernsten Gesanges, sowie Thalia, die Muse des Theaters. Umgeben sind sie von vielen anderen allegorischen Gestalten, die die Schutzgestalten der Jagd und des Fischfangs, aber auch die Segnungen und Härten der vier Jahreszeiten symbolisieren.

Damit ist das entscheidende Stichwort gefallen, um auch die Kunst zu charakterisieren, die Questenberg vermutlich gerade aus der Hand von Johann Sebastian Bach liebend gerne erwartet und »gekauft« hätte: nämlich ein barockes allegorisches Musikdrama, passend zu Ort und Einrichtung seiner nicht nur eines Grafen, sondern geradezu eines Königs würdigen Residenz. Wir beschäftigen uns darum mit der Frage, wie ein allegorisches Musikdrama der Bach-Zeit ausgesehen haben könnte. Dabei ist als Erstes zu klären, was der Begriff »Allegorie« im Barock bedeutete. Die daran unmittelbar sich anschließende Frage ist jene nach der denkbaren Art eines barocken »Agons«, also eines Wett- oder Rangstreites unter den Tugenden und Lastern, aber auch unter den Künsten. Wie wollte die Barockzeit einen solchen allegorischen Wettkampf sehen, erleben und genießen?

Eine Allegorie ist nichts als eine andere Art des Sprechens oder des Darstellens, wortgeschichtlich basierend auf dem Griechischen »allos – fremd, verschieden« und dem Wort »agoreuo« – etwas für die Allgemeinheit, also für die Agora, sagen. Sie ist also eine indirekte Aussage, allerdings nicht für den privaten Gebrauch, sondern sie soll allgemeingültig sein. Der Begriff hat seit der Antike bis zum heutigen Tag mannigfache Erweiterungen und historische Präzisierungen und Zuspitzungen erfahren, wobei man feststellen kann, dass er besonders in der Sprachwissenschaft und in der Kunstwissenschaft von großer Bedeutung war und blieb. In der Sprachwissenschaft, speziell in der Rhetorik, würde man sagen, dass die Allegorie zu den vielen Möglichkeiten des »uneigentlichen Sprechens« gehört. Also eine interessante Variante bietet, wenn man etwas im Hinblick auf Mehr- und Vieldeutigkeit erweitern und anpeilen will. Darum ist sie zentral für das, was in der Sprachwissenschaft die »Erkundung des mehrfachen Textsinnes« darstellt, wissenschaftlich oft auch als »Allegorese« bezeichnet.

In der Kunstwissenschaft spielt die Allegorie vor allem als Personifikation und bildliche Verkörperung von abstrakten Ideen und Werten eine zentrale Rolle. So werden die theologischen und die Kardinaltugenden seit dem Mittelalter gern als mit symbolhaften Requisiten erweiterte weibliche Figuren abgebildet. Die Künste erfahren Ähnliches, beispielweise durch die sie fördernden und behütenden Musen. Vor allem seit der Renaissancezeit gab es eine höchst kreative und inspirierende Leidenschaft bei Malern und Bildhauern, allegorische Personifikationen dadurch sinnträchtiger zu gestalten, indem man diese um rätselhafte und oft nur schwer deutbare Symbole einfallsreich erweiterte. Denken wir etwa an Bilder wie Sandro Botticellis »Der Frühling« oder Agnolo Bronzinos »Allegorie der Schönheit«. Im Mittelalter waren diese symbolischen Darstellungen noch weit eindeutiger, wie an Figurationen etwa der »Synagoge« oder der »Ekklesia« leicht erkennbar ist. Man stellte diese als Verkörperungen unterschiedlicher Lebensvisionen und Heilserwartungen einander gegenüber. Später kamen gestaltete Figurationen von Leben und Tod, von Tag und Nacht, von den Jahreszeiten oder von den Kontinenten hinzu.

Im 18. Jahrhundert, zumal nach der Französischen Revolution, wurden auch Allegorien von politischen Ideen beliebt:

etwa der Freiheit, die im Bild von Eugène Delacroix die Völker anführt, aber auch von Staaten und Nationen, die dann Namen wie Marianne, Germania, Bavaria oder Helvetia trugen. Eine großmächtige Allegorie ist auch jene Statue, die im Hafen von New York seit weit mehr als 100 Jahren die Fackel der Freiheit hochhält und die ankommenden Glückssucher begrüßt.

Die Barockzeit trieb das Spiel mit Allegorien, Symbolen und Emblemen besonders weit. Sinnbilder wurden gern mit einprägsamen Titeln – oft noch in humanistischer Tradition in lateinischer Sprache – und mit gereimten Epigrammen und Sinnsprüchen verbunden. Das »Emblematum liber« des Andrea Alciato war von der Mitte des 16. Jahrhunderts bis zur Französischen Revolution in ganz Europa in verschiedenen Sprachen und Varianten weit verbreitet. Man wollte Gedanken und Überzeugungen zu Leben und Tod nicht nackt und blank äußern, sondern in allen denkbaren sinnbildlichen, sprachlichen und darstellerischen Verkleidungen erleben. Gegen Ende des 17. Jahrhunderts gab es regelrechte Emblematik-Enzyklopädien, aus denen die Kunsthandwerker erfahren konnten, was als Verzierungen von Mauern und Glasfenstern, von Stoffen, Öfen und Möbeln in noblen Häusern, in Kirchen und repräsentativen öffentlichen Gebäuden Sinn ergab und geschätzt wurde.

Die »Sinnbildkunst« stellte sich in den Dienst von Religion und Moral, von privaten und öffentlichen Interessen. Insbesondere bediente sie das Liebesleben und die erotischen Bedürfnisse der Menschheit ausgiebig und in oft sehr origineller Art. Häufig wurde das »Programm« eines Emblems in antiken Sprüchen zusammengefasst, wie »Omnia vincit amor« oder in entsprechenden barocken Überzeugungen wie »Potentissimus affectus amor«: die stärkste aller Leidenschaften sei und bleibe die Liebe! Bei jedem Gott und jedem zu verherrlichenden Menschen, ja sogar bei jedem geschaffenen Ding dieser Welt lag es in der Hand der Künstler, diesen die Gestalt einer Allegorie zu verleihen, was so viel besagte wie: ihnen eine zusätzliche Erscheinungsform und eine weiter ausgreifende Deutungsvielfalt zu verschaffen.

Für die Tatsache, dass Johann Sebastian Bach ein geübter Mitspieler in der Welt der Allegorien war, steht zum Beispiel seine weltliche Kantate »Die Zeit, die Tag und Jahre macht« (BWV 134a). Sie entstand als Neujahrsmusik für das Jahr 1719 zu Ehren von Fürst Leopold von Anhalt-Köthen. Bach verwendete Teile dieser Musik 1724 und später mehrfach wieder in Leipzig als Kirchenkantate für den 3. Osterfesttag. (»Ein Herz, das seinen Jesum lebend weiß«, BWV 134). Den ursprünglichen Text der Kantate, die zwar den Jahresbeginn feierte, im Grunde jedoch eine Huldigung an den regierenden Fürsten darstellte, hatte der Thüringer und später in Hamburg wirkende Dichter Christian Friedrich Hunold im Stil einer musikalischen »Serenata« verfasst. Von der Ursprungsfassung blieb leider nur der Text erhalten, doch man konnte die weltliche Kantate aufgrund der bestehenden Parodiefassungen für die Kirche und des reichlich vorhandenen Notenmaterials von Bachs Umarbeitungen ziemlich getreu rekonstruieren.

Als Solostimmen treten zwei Allegorien auf, genannt »Die Zeit« und »Die göttliche Vorsehung«. Das Orchester verwendet neben den Streichern und dem Basso continuo nur zwei Oboen als Bläser. Die Zeit – Tenorstimme – repräsentiert die Vergangenheit, die Vorsehung – Altstimme – die Zukunft. Die Zeit darf ohne Eingangschor mit einem Rezitativ einsetzen: Sie, die Tage und Jahre mache, habe Anhalt – gemeint ist das Land des regierenden Fürsten – »manche Segensstunden« gebracht und mit dem neuen Jahr sogar ein »neues Heil«. Die Vorsehung ergänzt: Es sei eine »edle Zeit«, denn sie sei »mit Gottes Huld verbunden«. Die erste Arie der Zeit, »Auf, Sterbliche, lasset ein Jauchzen ertönen«, ist ein inspirierender Aufruf zur Freude und Dankbarkeit, in einem Land leben zu dürfen, in dem bereits in der Vergangenheit so viel göttliches Licht und Gnade ausgestrahlt sei. Man solle »des Höchsten Gütigkeit« preisen, denn: »Noch weicht die Not von diesen

Grenzen weit; / Noch fliehet alles Mordgetümmel.« Die Vorsehung weiß: Wenn das Land schon in der Vergangenheit die Segnungen des Friedens und Wohlergehens erfahren durfte, so würden ihm in Zukunft noch größere bevorstehen. Es folgt eine der schönsten und witzigsten Duett-Arien des frühen Bach, in der die beiden Stimmen um die Worte »streiten« und »scherzen« eine Art Wettspiel veranstalten: »Dies liebliche Streiten beweget die Herzen«, schreibt der Dichter, und der Komponist macht es vor, wie man sich diesen Wettstreit vorzustellen hat. Höhepunkt der Kantate ist freilich die zusätzlich zu den beiden Solostimmen chorisch besetzte Schlussarie, in der die Zeit behauptet, man lebe unter der Herrschaft des Fürstenhauses »ergetzet auf Erden«, und die Vorsehung verkündet, ebenso lebe man »erfreuet von oben«, sodass der vierstimmige Chor nur in einem fröhlich tänzerischen Dreiachteltakt ergänzen kann: »Glückselige Zeiten, vergnüget dies Haus!« Man ist geradezu selbst verjüngt, wenn man spürt, wie Bach hier die Lebensfreude und die Lust, das neue Jahr zu beginnen, aus der Musik heraussprühen lässt.

Die zweite ebenso beliebte Praxis der Barockzeit war es, sich die Auseinandersetzungen um Ideen und Werte in der Form eines Wett- oder Rangstreites vorzustellen. Auch hier waren die alten Griechen die eigentlichen Erfinder der »Agone«, ob es sich um sportliche oder um musische Wettkämpfe handelte. Den Griechen der Antike waren ihre »panhellenischen« Spiele wichtig, die römischen Kaiser übernahmen viele Formen davon mit ihren kapitolinischen Wettkämpfen oder jenen der Piazza Navona. Aber auch Dichter und Musiker wetteiferten mit- und gegeneinander, es gab regelrechte »Rede-Duelle«, in denen es darum ging, als anerkannter Sieger die Agora oder das Forum zu verlassen. Dass man erst nach bestandenem Kampf verdientermaßen einen Siegeskranz tragen darf, schien den Griechen und den Römern eine Selbstverständlichkeit.

In der Reformation und jener der ihr folgenden Gegenreformation spielten die »disputationes« und die »concertationes« zunächst unter kontrovers theologisch gegeneinander antretenden Glaubensvertretern eine bedeutsame Rolle. Wo es um Dogmen und um Glaubensfragen ging, musste das spielerische Element der Auseinandersetzungen immer mehr einem kriegerischen und gegenseitig verleumderischen Kampf um »eigene« Wahrheit, Macht und Einfluss weichen. Man wollte nicht mehr fair gegeneinander kämpfen, um sich als der tüchtigste und geschickteste zu erweisen, sondern im Kampf sollte der Gegner erniedrigt und möglichst mundtot gemacht werden. Den Ton der Auseinandersetzung bestimmte nicht mehr die Suche nach dem, der am meisten überzeugte, sondern entscheidend war hier die Polemik und der Wille zur Vernichtung des Gegners.

Bei den ethischen und den musischen Wettbewerben und Rangstreitigkeiten ging es weniger brutal zu als bei den sportlichen, hier behielt die kämpferische Auseinandersetzung den Aspekt des Spiels um die Suche nach der bestmöglichen und für alle vorteilhaften Variante. So schrieb Johann Christoph Gottsched ein Gedicht unter dem Titel: »Wettstreit der Tugenden um die hohe Person Seiner Königl. Maj. In Pohlen und Chrfürstl. Durchl. Zu Sachsen (et)c. Friedrich Augusts, als eines vollkommenen Regenten.« Im Untertitel stand zu lesen: »In einem Gedichte vorgestellet, welches im Jahr 1728 den 12. May, als an Sr. Maj. Hohem Geburts-Tage in der Deutschen Gesellschaft zu Leipzig den Preis der Poesie erhalten hat.« Es handelt sich also um ein Huldigungsgedicht zum Geburtstag von August dem Starken in Form eines »Wettstreits der Tugenden«. Wo es darum ging, das schmeichelhafte Idealbild eines vollkommenen Herrschers zu entwerfen, griff man gern auf diesen »Wettstreit der Tugenden« zurück, um in gereimten Versen darzustellen, wie unvergleichlich reich doch der herrschende Regent mit allen wünschbaren und denkbaren Tugenden ausgestattet sei. Gottsched ließ sein Herrscherlob durch die akademischen Kollegen auch gleich mit einem »Preis der Poesie« krönen.

Bereits unter den Humanisten und den bildenden Künstlern war gegen Ende des 15. Jahrhunderts die Streitfrage entbrannt, welche der Künste man denn als die vornehmste anzusehen habe: die Architektur, die Malerei, die Bildhauerei, die Dichtkunst oder gar die Musik? Diese Debatte ist in die Kunsttheorie unter der Bezeichnung »Paragone delle arti« eingegangen. Man meint damit den Vergleich und die Gegenüberstellung der Künste untereinander, um zu klären, welche Rangstellung den verschiedenen Kunstarten zukommen soll. Um die Mitte des 16. Jahrhunderts startete der Gelehrte Benedetto Varchi sogar eine Umfrage unter ausübenden Malern und Bildhauern, welche Kunst ihrer Ansicht nach als die ranghöchste zu gelten habe. Die Debatte setzte sich in den folgenden Jahrhunderten fort, wobei es bald einmal nicht mehr um den ersten Rang unter den Künsten ging, sondern um die charakteristischen Eigenschaften, die jeder besonderen Kunst innewohnten. Einen späten Nachklang dieser Diskurse finden wir noch im 20. Jahrhundert, etwa in der Oper »Capriccio« von Richard Strauss, wo es um die unentscheidbare Frage geht, ob der Dichtung oder der Musik der Vorrang gehöre. Die Quintessenz: Man darf sie nicht auseinanderreißen, erst vereint sind sie vollkommen!

Aus der Bach-Zeit sei nur ein Beispiel angeführt, in dem solche »Rangfragen« exemplarisch verhandelt wurden. Im Jahr 1729 kam in Rom eine »Serenata« von Leonardo Vinci nach einem Libretto von Pietro Metastasio zur Aufführung, die der Autor als »componimento drammatico« bezeichnete. Ein musikalisches Bühnenstück also, das den Titel trug: »La contesa de' numi«: »Der Streit der Gottheiten«. Anlass war die Geburt eines Sohnes des französischen Königs Ludwig XV., in Auftrag gegeben hatte das Werk Kardinal Melchior de Polignac, der französische Botschafter beim Heiligen Stuhl. Es traten auf: Jupiter als oberste Gottheit und Schiedsrichter; Mars, Gott des Krieges; Apollon, Gott der Künste; Astraea, Göttin der Gerechtigkeit, ferner Pace als Allegorie des Friedens und Fortuna als Allegorie des Schicksals. Die Götter streiten untereinander über die Frage, wer von ihnen am besten dazu geeignet sei, die Erziehung (cura) des neugeborenen Dauphins zu übernehmen. Jeder und jede von ihnen trägt in einer Arie die eigenen Vorzüge zur Schau. Mars, um nur ein Beispiel zu nennen, möchte aus dem künftigen Thronfolger einen Soldaten und Krieger machen, denn nur die Abwehr der Barbarei garantiere ein Reich, in dem die Künste aufblühen könnten. Am Ende dieser zweiaktigen Kleinoper entscheidet Jupiter, dass die Götter gemeinsam von ihrem Olymp nach Gallien zu ziehen hätten, um zu garantieren, dass ein kämpferischer, gebildeter, kunstsinniger, gerechter und friedfertiger künftiger Monarch heranwachse. Ein Chor besingt am Ende die Herrlichkeit eines Monarchen in einem von Göttern beschützten glücklichen gallischen Reich.

1748 vertonte ein weiterer Komponist Pietro Metastasios Poem, diesmal für den dänischen Hof zur Geburt des späteren Königs Christian VII. Es war Christoph Willibald Gluck, der mit einer Opernreisetruppe in Europa unterwegs war. Neben anderen Anpassungen im Orchester, wie etwa die ersatzlose Streichung der Bläserstimmen, die aufgrund der örtlichen Gegebenheiten notwendig wurden, ersetzte er die Stimmen der italienischen Kastraten durch solche von Tenören. Dramaturgisch war das Libretto dieses Wettstreits von Metastasio alles andere als ein großer Wurf, bestand der zweite Akt doch in nichts anderem als einer Wiederholung der bereits im ersten Akt vorgetragenen göttlichen Vorzüge, wenn auch in etwas veränderter Reihenfolge. Das Beispiel zeigt aber, dass die Form des »allegorischen Agons« sich über Jahrzehnte in der höfischen Opernkultur europaweit großer Beliebtheit erfreute.

Dieses barocke agonistische Prinzip hat Bach als Komponist vollgültig im bereits besprochenen »Streit zwischen Phoebus und Pan« (BWV 201) vorgeführt, und ebenso in einer seiner weiteren weltlichen Kantaten, nämlich im Werk »Lasst uns sorgen, lasst uns wachen« (BWV 213) aus dem Jahr 1733. Es war jene Zeit, in der er seine Funktion als Direktor seines »Collegiums« mit nicht weniger Enthusiasmus wahrnahm als seine Aufgaben als Kirchenmusiker. Der Bach-Forscher Hans-Joachim Schulze bemerkt einmal dazu, diese Komposition erreiche annähernd »die Länge eines Opernaktes«. Anlass der Aufführung im Zimmermann'schen Garten am 5. September war der erwartete Besuch des sächsischen Kurprinzen Friedrich Christian in Leipzig an dessen elftem Geburtstag. Dafür hatte Bachs Haupttexter Henrici das Thema des »Herkules auf dem Scheidewege« ausgesucht, hoch beliebt in der Barockzeit, um der heranwachsenden Jugend bis ins kurfürstliche Haus hinein vorzuführen, dass das Leben keine bequeme Vergnügungsfahrt sei, sondern dass der Weg zum gebildeten und gerechten Herrscher mühevoll und entbehrungsreich bleibe.

Der Rat der Götter will über ihren Göttersohn Herkules – eine Contraltostimme – die schützende Hand halten, damit auch auf Erden die Weisheit und Herrlichkeit der Götter erkannt und verklärt werde. Dieser befragt, um die rechte Bahn zu finden, die Natur, die »schlanken Zweige«, wie er Vernunft, Verstand und Licht auf seinem Lebensweg finden könne. Nun treten die beiden Antagonisten ins Feld: die Wollust – eine Sopranstimme –, die ihrem Liebsten Schlaf und Ruh und grenzenloses Vergnügen verspricht: »Schmecke die Lust / Der lüsternen Brust.« Auf Rosen gebettet soll er den bequemen Weg zu den Freuden des Lebens gehen. Ihr stellt sich nun aber die Tugend – eine Tenorstimme – in den Weg. Nur durch Tugend, Mühe und Fleiß wachse ein »edler Sinn« heran. Die Wollust trotzt: Wer wähle den Schweiß, wenn er den Weg der Gemächlichkeit und Leichtigkeit gehen könne? Warum nicht doch durch »scherzende Zufriedenheit« das wahre Heil erwerben? Herkules will nun das Echo befragen. Dieses soll entscheiden: mit Ja zusagen und mit Nein antworten, wenn er etwas abweisen sollte. Daraufhin nimmt die Tugend den unerfahrenen Herkules an die Hand: Sie sei ja sein eigentlicher Verwandter! Die Wollust hat ausgesungen! Auf den Flügeln der Tugend soll Herkules wie ein Adler in die Höhen schweben. Die »weiche Wollust« locke zwar, doch wer dieser Verführerin folge, werde für immer aus der Götter Schar verstoßen. Sie sei eine Schlange, der die Tugend bereits in der Wiege den Kopf »zermalmet und zerrissen« habe. Herkules will sich nach dieser Predigt entschlossen ganz allein der Tugend als Leiterin und Geliebte anvertrauen. »Ich bin deine, du bist meine«, singen die beiden in einem berühmt gewordenen Kuss-Duett. Nun erscheint noch Merkur – eine Bassstimme –, der besondere Schutzgott der Handelsstadt Leipzig, und erklärt den Kurprinzen zum neuen Herkules der Tugenden. Ein Musenchor besingt noch diesen neuen Helden Sachsens: »Lust der Völker, Lust der Deinen, / Blühe holder Friederich!« Selten hat man einen Halbwüchsigen mit größeren Vorschusslorbeeren und mit schönerer Musik bedacht!

Die Musik dieser Kantate – zum Teil schon entstanden, als Bach noch für den Hof in Köthen tätig war – kennen die meisten vor allem aus seinem Weihnachtsoratorium. Er stellte dieses dann auch in den folgenden zwei Jahren (1734–1735) fertig und passte es, vermutlich wiederum mit Henricis Hilfe, der Weihnachtsgeschichte in genialer Weise an. Man kann sich gut vorstellen, Bach hätte – bei anhaltender Gesundheit und fortdauernder Kreativität – in älteren Tagen noch einmal den Verlockungen des fürstlich zahlenden Mäzens Questenberg nachgegeben und für das leuchtende Musiktheater von Jarmeritz und dessen weit über die mährische Region hinaus bekannte Hoftheaterkultur ein den gegebenen Verhältnissen angepasstes Bühnenwerk komponiert – oder zumindest parodiert, das seinem Namen und seiner Reputation als Komponisten ganz gewiss auch in diesem Fall niemals Unehre hätte antun können. Doch dazu sollte es leider nicht mehr kommen.

BWV 213

Kantate | »Lasst uns sorgen, lasst uns wachen«

René Jacobs

Zur barocken Affekten-lehre

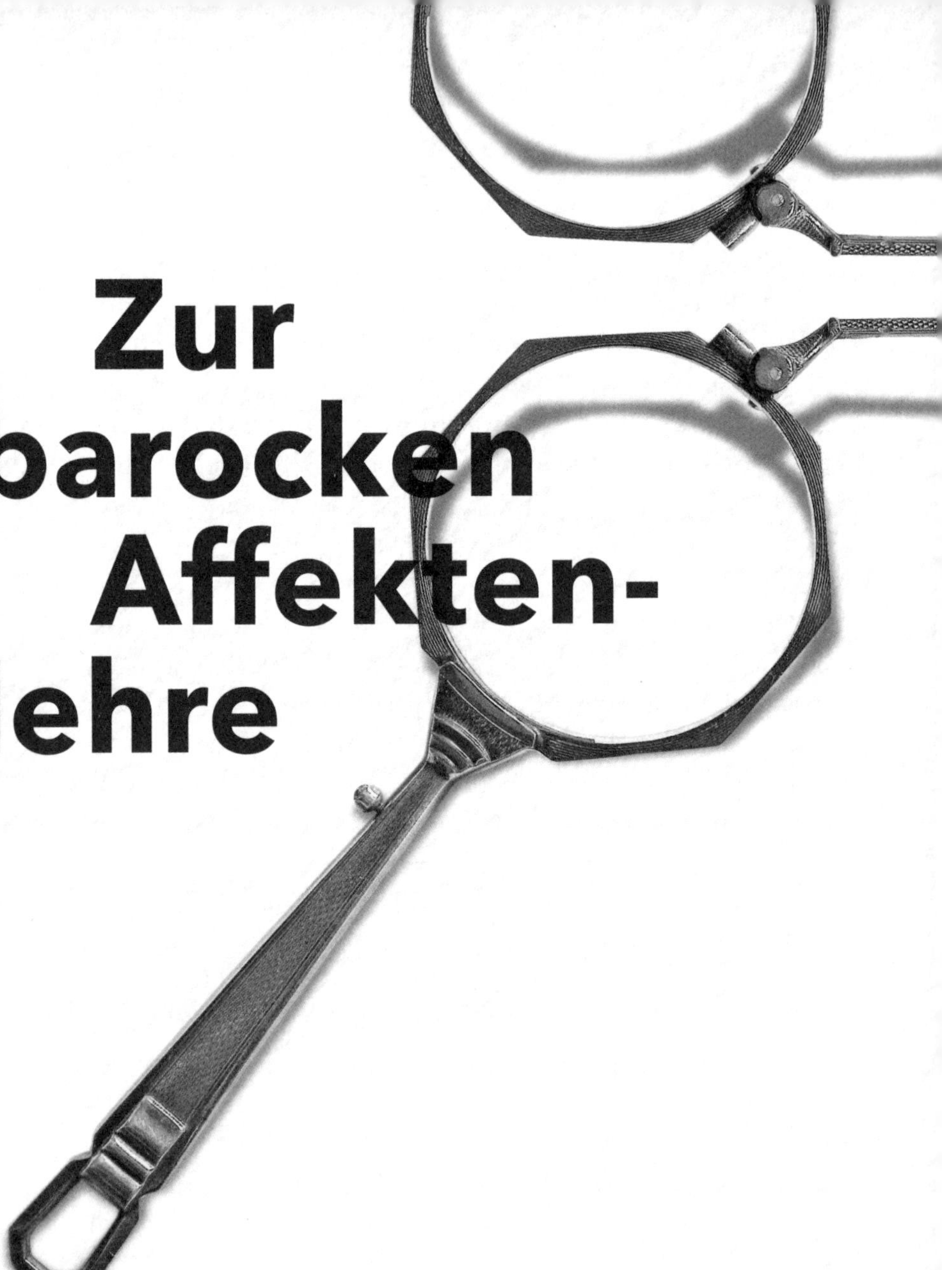

Über Leidenschaften, ihre Ausdrucksformen und ihre Auswirkungen macht sich jede Epoche unserer Zivilisation seit der griechischen Antike immer wieder neu Gedanken. So waren und blieben die »Passiones animae« Gegenstand von Untersuchungen von Philosophen und Theologen das ganze Mittelalter hindurch. Aber auch die Denker der Neuzeit, allen voran René Descartes, mühten sich um die Systematisierung von Grundleidenschaften und der von ihnen abgeleiteten Varianten sowohl aus philosophischer wie aus naturwissenschaftlicher Sicht. Es ging doch immer auch um die Frage, welche der Leidenschaften, die im Verhalten der Menschen zum Vorschein kommen, ethisch zu verteidigen und zu pflegen oder aber zu verwerfen und möglichst zu verhindern seien, denn es geht ja dabei immer um nicht weniger als das Wohl von Körper und Seele der Menschen.

In der Barockzeit entwickelte sich im Diskurs über Leidenschaften ein besonderes Interesse nicht allein für die moralisch-ethische Debatte über Leidenschaften und Gefühle, sondern für deren ästhetische Dimension, Bedeutung und Wirkung. Anders gesagt: Die interessante Frage für Gefühlsforscher war in der Barockzeit nicht mehr die Erscheinungsform von Leidenschaften in den von ihnen geplagten Menschen, sondern die Frage, wie man mit künstlerischen Mitteln diese Gefühle – zumal über Bilder, Sprache und Musik – in den Sehenden, Sprechenden und Hörenden auszulösen und zur Wirkung zu bringen vermag. In der Dichtungs- und Musiktheorie entstand eine eigentliche »Affektenlehre«, abstammend vom Lateinischen »affectus« und »afficere« in der Bedeutung, jemanden »in eine Stimmung oder einen Zustand versetzen«. Damit meinte man den leiblich-seelischen Zustand, in den der Mensch durch tiefe Erfahrungen von Freude und Leid, von Zuneigung und Mitgefühl, von Liebe und Hass, aber auch durch Bewunderung und Enthusiasmus geraten kann. Im 17. und im 18. Jahrhundert entwickelte sich geradezu eine Konjunktur in Theorien und Praktiken zur Auslösung von Überzeugungen, Haltungen und von emotionaler Ergriffenheit mittels ästhetischer Erfahrungen. Dies ist durchaus vergleichbar mit den Bemühungen der Griechen, die im Altertum die Menschen durch Epen, Gedichte und Tragödien zu einfühlsamen und verständnisreichen, nicht nur an sich selbst, sondern auch am Allgemeinwohl orientierten Staatsbürgern erziehen wollten. Jetzt freilich in einer Art und Weise, die den Möglichkeiten der zeitgenössischen Dichtung und der modernen musikalischen Entwicklung der Gegenwart entsprach.

An dieser Stelle sollen nicht die historisch bedeutsam gewordenen Traktate der Barockzeit zur Affektenlehre resümiert werden (siehe dazu in der beigefügten Bibliografie zum Beispiel den Sammelband von Hermann Wiegmann über poetisch-ästhetische Theorien der Barockzeit), sondern der für das Werk von Johann Sebastian Bach adäquatere Weg eingeschlagen werden, um in den von ihm vertonten Texten seines reichen Kantatenwerks nach den dort erscheinenden Affekten Ausschau zu halten. Dabei geht es in erster Linie um die geradezu ungeheure Diversität und Vielfalt der von Bach in Musik verwandelten Affekte, nicht um deren Vollständigkeit oder gar Systematik.

Das Kantatenwerk des Meisters entfaltet sich am schlüssigsten, wenn man sich – wie etwa Alfred Dürr es in seinem Grundlagenwerk tut – an die Ordnung des christlichen Kirchenjahres hält. Das bedeutet: Man nimmt die von Bach vertonten Texte unter die Lupe, die sich vom 1. Adventssonntag bis zum letzten Sonntag des Kirchenjahres erstrecken, Marien- und Heiligenfeste eingeschlossen, ebenso wie die besonderen in kirchlichem Rahmen sich vollziehenden Lebensstationen wie Trauungen und Trauerfeiern, Ratswechsel, Kirch- und Orgelweihen und dergleichen Feierlichkeiten mehr, für die man damals eine musikalische Gestaltung im Kirchenraum angemessen und wünschenswert erachtete. Natürlich sind auch die weltlichen Kantaten hinsichtlich ihrer »Affektrelevanz« in Betracht zu ziehen, denn die Gefühlsvielfalt hat gewiss nicht nur für den von der Religion geprägten Anteil des Lebens ihre besonderen Erscheinungsformen. Zunächst geht es jedoch um die aus einem religiösen Kontext heraus entstehenden Vorstellungen, Leidenschaften in Musik zu verwandeln.

Welche Vielfalt von Worten und Sätzen, von Gedanken und Gefühlen, von Empfindungen und Erwartungen hat Johann Sebastian Bach im Verlauf seines Lebens doch für seine Zeitgenossen in Musik verwandelt! Von Religion mitbestimmte Menschen benötigten zu den Worten der Bibel oder jenen der Predigt für ihr existenzielles Glück eine Musik, die sie in der Kirche anders hörten und erlebten, als dies zu Hause möglich war. »Öffne dich, mein ganzes Herz«: In der Kirche konnte man solches dem eigenen Herzen zumuten. Da wurde man der eigenen Fehlerhaftigkeit und der eigenen Unzulänglichkeiten bewusst. Das war der Ort, wo man Gnade und Verzeihung im Gespräch mit einem allwissenden Gott, einem die Menschen aus Schuld und Not erlösenden Christus und einem befeuernden Geist der Erneuerung und der Zuversicht erfuhr, sodass man wieder »Lust an sich sehen« konnte, sogar dann, wenn man um die eigene Sterblichkeit wusste und dass man letztlich nichts als »Staub und Erde« ist. »Bewundert, o Menschen, dies große Geheimnis«: Die Kirchen waren der Ort und die Gottesdienste waren die Zeit, in der man den Geheimnissen von Gottes Schöpfung am nächsten kam. Da durfte gelten: »Die Dunkelheit verstört uns nicht«, ja, es tat sich ein »unendliches Licht« auf, das bis zu den »erhabenen Sternen« emporzuschwingen schien.

»Die Liebe zieht mit sanften Schritten/Sein Treugeliebtes allgemach.« Das schien man zu spüren, wenn in den Gottesdiensten besungen wurde, wie die menschliche Seele sich an den Erlöser wandte, als würde sich eine Braut an den zu ihr in Liebe verbundenen Bräutigam wenden. Die Mitsingenden der Choräle und Kirchenlieder erfuhren, dass man auch »mit gedämpften, schwachen Stimmen« Gottes Majestät verehren kann und soll. In der Kirche war mitsingend auch jeder Laie am Heilsgeschehen direkt beteiligt.

Was waren dies für Einsichten und Wünsche, die da im Verlauf eines Kirchenjahres in musikalischer Verwandlung den Kirchgängern ans Ohr getragen wurden und so ins Innere des hörenden Menschen gelangten! »Ärgre dich, o Seele, nicht.« Und: »Schäme dich, o Seele, nicht.« Denn ein bisschen ist einem doch immer zumute wie an Weihnachten, »O selger Tag! o ungemeines Heute«, wenn man in einer Kirche sitzt, die von Musik erfüllt ist. Auch wenn dabei die »heißen Andachtsflammen« einem nicht immer in Demut »brünstiglich zusammenschlagen«, auch wenn die Glut der Betenden und Singenden oft die »gebückter Seelen« ist, es möge doch der Dank der frommen Christen »angenehme vor dir klingen«.

Jeder Christ ist ein Kind des Lichtes: »So wird hinfüro Gott uns nicht/Als dieses Lichtes Kinder hassen.« Wir sollen jauchzen, frohlocken, die Tage preisen, das Zagen lassen, die Klagen verbannen, wir sollen eilen, »den Bräutigam sehnlichst zu lieben«! Musik ist nicht in erster Linie da, damit wir die göttlichen Geheimnisse besser begreifen. »Begreife nicht, nein, nein, bewundre nur!« Ins Staunen sollen wir geraten, wir dürfen sogar dahinträumen, im Fluss der Melodien, und die kleinen Kinder dürfen obendrein schlafen: »Schlafe, mein Liebster, genieße der Ruh.«

Was Bach in Arien und Chören, in Rezitativen und Duetten immer wieder mit unvergesslichen Tonfolgen, mit Melodien und Harmonien der erstaunenden Art beweist: »Wie lieblich klingt es in den Ohren/Wie dringt es in das Herz hinein.« Oder: »Ach, ziehe mich, Liebster, so folg ich dir nach.« Er sucht und findet die passende Musik zu Wörtern wie »der Freudenschein« und für den »Geist der Freuden«, der dem Herzen »eingesenkt« werden soll. Wie klingt es, wenn jemand »Andachtsglut in Herz und Munde führen« möchte? Wie, wenn jemand »in heißer Liebe singen« möchte? Bach weiß, was ein »gottvergnügter Geist« ist, wie man etwas »mit Lust umfassen« kann, gar »mit sanftmutvollem Trieb / und größter Zärtlichkeit umfassen«, und wie es zugeht, wenn fort und fort Gottes Name im Munde eines Christen lacht.

Was muss es für ein Glücksempfinden sein, wenn jemand Gott »zum Freunde hat«? Darum: »Ich bin vergnügt mit meinem Glücke.« Wie man »der Seele Flügel schaffen« kann, was für einen sinnlichen Menschen »der Trost- und Freudenwein« seines Verlangens ist, wie man statt »Wermut« »Honigseim« im Herzen sammelt, wie man die eigenen »finstren Sinnen« erleuchtet, welche Musik für Worte wie »Herzensstube«, oder »Gnadenstrahl«, die passende ist und wie es sich anhören sollte, wenn jemand sagt: »Nimm mein Herze zum Geschenke« – in all dem ist Bach ein unerreichter Experte.

Der Gottesfürchtige darf sich »in des Höchsten Liebesarme« werfen, und »der Sorgen Joch« auf »die Achseln seiner Gnaden« legen. An Ostern, da lacht bei Bach der Himmel, und »die Erde jubilieret« und ein »Lachen und Scherzen / Begleitet die Herzen«. Der »sanfte Himmelswind« weht durch den »Herzensgarten«, und es ereignet sich, dass »seines Geistes Liebesglut« zu »meinem allersüß'sten Freudenwein« wird. In seinen Kirchenkantaten erspürt der betende und singende Christ, was es bedeutet, »im Vorschmack selig sein« und was für Gefühle ihm durch Körper und Seele gehen können, wenn er bittet: »Lass himmlische Flammen durchdringen und wallen!«

Die Kirche ist freilich auch der Ort, um sich des Leidens zu erinnern, der Trennungen und Verluste, die das Leben dem gläubigen Menschen zumutet. »Die ganze Welt wird mir zur Marterhöhle«: Das kann bei einem Christen durchaus zum Grundgefühl seines Daseins werden. »Tausendfaches Unglück, Schrecken, / Trübsal, Angst und schnellen Tod. / Völker, die das Land bedecken, / Sorgen und sonst noch mehr Not.« Damit gilt es fertig zu werden in ungewissen Zeiten, die es immer gab und immer geben wird. »Bedrängter Geist, hör auf zu weinen!« – das weiß zwar ein gottgläubiger Mensch, und so lässt er sich in seinem Gefühlszustand sagen: »Entsetze dich, mein Herze nicht!« Und doch: sein Herz liegt »in Bekümmernissen«, und dieser Mensch kennt ob seiner eigenen Unzulänglichkeiten Schmerzen, »die Seufzer aus dem Herzen pressen«. Er weiß, was das ist: »der Sorgen Kummernacht«, und wie sich eine »Trauerbrust« anfühlt. »Meine Seufzer, meine Tränen / Können nicht zu zählen sein.« Sein »Jammerkrug« ist mit lauter Tränen angefüllt. Des Christen Pflicht könnte ja sein: »den Kreuzkelch füllen«, Buße tun, um Verzeihung bitten. »Weinen, Klagen, Sorgen, Zagen« – ist der Titel einer Kantate und eines Chorsatzes, in dem Bach zwölfmal eine viertaktige chromatische Abstiegsfigur verwendet, um die wiederkehrende Not zu betonen, eine musikalische Figur, die er später zum »Crucifixus« im Credo seiner »h-Moll-Messe« umarbeiten wird.

Es gibt keinen anderen Komponisten der Barockzeit, der für »Schmerzen, Qual und Pein«, für »Jammer, Not und Schmach«, für »Herzeleid und Leibespein« vergleichbare Töne gefunden hätte. Welche Musik ist passend für »Seufzer, Tränen, Kummer, Not, / Ängstlichs Sehnen, Furcht und Tod«, die »das beklemmte Herz nagen«? Wie klingen die Töne, die uns nachempfinden lassen, wie es einem Menschen ergeht, der sich ob seiner Sünden »immerdar in Finsternüssen« empfindet, oder dessen Leiden er als »Bäche von gesalznen Zähren« beschreibt? Die barocke Sprachpoetik greift ins Volle, wenn es um menschliches Elend geht, und Bach, der diese Empfindungen in Musik setzt, tut es auch.

Das Wissen um die eigenen Fehler und Niederlagen macht die Menschen aber nicht zu gelähmten und verlorenen Wesen.

»Widerstehe doch der Sünde, / Sonst ergreifet dich ihr Gift.« Über die lockende Schönheit der Sünde weiß vermutlich jede und jeder irgendwie Bescheid. Jeder Mensch hat Momente, in denen einem bewusst wird: »Ich bin ein Pilgrim auf der Welt.« Jetzt bin ich am Leben, bald vielleicht nicht mehr! Man hat Umkehrgedanken: »Lebe wohl, du Sündenwüste!« Ich richte mich ein auf eine bessere Welt. Gibt es diese? »Mensch, ach Mensch, wo gehst du hin?« So genau weiß dies keiner. »Man nehme sich in Acht, / Wenn das Gelücke lacht. / Denn es kann leicht auf Erden / Vor abends anders werden, / Als man am Morgen sich gedacht.« Der verständliche Wunsch lautet: »Ach bleibe doch, mein liebstes Leben, / Ach fliehe nicht so bald von mir.« Für den an ein Jenseits Glaubenden gibt es aber eine Fernsicht, die alle »Marter, Bann und schwere Pein« des Lebens überwindet.

Wenn wir Aufwachen »vom Sündenschlafe«, fällt uns irgendwann das »Donnerwort Ewigkeit« ein. Es gibt den verständlichen Wunsch und die jeden erreichende Angst zu sterben. Bach'sche Stichworte dazu hören sich so an: »Ach ruft mich bald, ihr Sterbeglocken, / Ich bin zum Sterben unerschrocken.« Oder: »Welt, gute Nacht! / Es ist vollbracht!« Vielleicht fühlt gerade, wer »viel Bekümmernis« hatte, dass der Tod nicht nur ein Schreckensgesicht hat. Es gibt die Zuversicht des Christen, der überzeugt ist: uns ist Zuverlässigeres als der Mensch versprochen: »Seht, seht! Wie reißt, wie bricht, wie fällt, / Was Gottes starker Arm nicht hält.« Man erlebt »der Feinde Wut und Toben«, aber: »Auch die harte Kreuzesreise / Und der Tränen bittre Speise / schreckt mich nicht.« Die Zuversicht des Christen führt dazu, dass die eigenen Sünden »keine dicken Wolken sein«, durch die man das Licht des Himmels nicht mehr erblickt. Nach »betrübter Trauernacht« soll ich »meiner Seelen Wonne« erblicken. Das »Trübsalwetter« muss doch irgendwann zur »Freudensonne« werden. Es kommt die Zeit, wo man weiß: »Nun verschwindet Ach und Schmerz.« Vorbei soll es sein mit »Höllenangst und Pein«, denn im Herzen muss »ein rechter Freudenhimmel sein«.

Zu Dankbarkeit, Zufriedenheit und Einwilligung in einen Freude verbreitenden Lebensoptimismus hat Bach ebenfalls fantastische Musik geschrieben: »Murre nicht, lieber Christ«, oder: »Genügsamkeit / ist ein Schatz in diesem Leben.« Und weiter: »Ich esse mit Freuden mein weniges Brot / Und gönne dem Nächsten von Herzen das Seine.« Auch wenn wir öfters »Leichtgesinnte Flattergeister« im irdischen Dasein sind, der Mensch, der an ein höheres Wesen glaubt, verliert doch nicht die Zuversicht: »Mein Seelenschatz ist Gottes Wort.« In wundersam harmonierenden Dialogen hat der Komponist mehrfach – wie es in der pietistischen Theologie beliebt war – Gespräche zwischen der menschlichen Seele und ihrem Erlöser vertont, so beispielsweise in: »Ich lebe, mein Herze zu deinem Ergötzen.« Da wird in der tröstenden Antwort des Erlösers eine Stimme hörbar, »die voller Lieb und Sanftmut ist«.

»Dass du mein Heilschlänglein seist / Vor das Gift der Sünde«, bittet der fehlerhafte Mensch um Beistand in der Stunde der Versuchung. Und ist doch durchpulst von einer Gewissheit: »So hat doch nach den Trübsalstürmen / Die Freudensonne bald gelacht.« Der Lohn des Gottvertrauens wird doch sein: »Vergnügte Ruh, beliebte Seelenlust.« Am Ende wird Freude einkehren und herrschen: »Wie will ich mich freuen, wie will ich mich laben / Wenn alle vergängliche Trübsal vorbei!« Oder auch: »Wie freudig ist mein Herz, / Da Gott versöhnet ist.«

Allerdings hat Bach in seinem Leben wahrhaftig auch die Kehrseite der Freude kennengelernt, am direktesten vermutlich durch den Tod seiner ersten Frau und den einiger seiner Kinder. Er hat Bitterkeit erfahren durch Enttäuschungen im Beruf, durch Neid und Häme von Berufskollegen, durch Arroganz und Uneinsicht der Behörden, am Ende wohl auch durch Krankheit, zumal durch seine abnehmende Sehkraft. Diese Dunkelseiten des Lebens haben in seiner Musik die mindestens gleich tiefe und vielfältige Ausgestaltung gefunden wie Anlässe der Freude, des Jubels und der Zuversicht. In seinem Schaffen erscheint beides: einerseits das »Da bleib ich, da hab ich Vergnügen zu wohnen«, andererseits ebenso das »Welt, ade, ich bin dein müde«. Er muss sich oft für Geist und Leib Erquickung »in uns Müden« gewünscht haben. »In Verfolgung, Leiden, Trübsal / Und in dieser Welte Tücke« wurde ihm das Leben oft zu viel.

Es gehört zur Weltanschauung und zur inneren Lebenserfahrung der Barockzeit, den Tod als eine allgegenwärtige Realität zu begreifen, sodass die Todessehnsucht eines vielgeprüften Christen geradezu zu einem natürlichen Requisit seines Glaubens wird. »Gute Nacht, du Weltgetümmel«, »Ich wünschte mir den Tod!«, oder: »Ich ende / Behende / Mein irdisches Leben.« Die Barockzeit greift gern zu Naturbildern, wenn es darum geht, die Zustände in den Seelen eines mit sich und der Welt hadernden Christen zu schildern: »Gleichwie die wilden Meereswellen / Mit Ungestüm ein Schiff zerschellen, / So raset auch der Feinde Wut / Und raubt das beste Seelengut.« Brausender Wellengang, rasende Windstürme, Blitz und Donner, schäumend rauschende Felsenklippen, an denen das Lebensschiff des zweifelnden Christen zu zerschellen droht: Alles wird musikalisch umgesetzt, um die rettende Hand Gottes zur Hilfe zu bewegen. Die »taumelnde Vernunft« kann es nicht begreifen, in welcher Gefahr der Mensch schwebt, wo Gottes Hilfe ausbleibt.

»Die Welt ist wie ein Rauch und Schatten«, sie ist »betört«. »Schauet doch und sehet, ob irgend ein Schmerz sei wie mein Schmerz, der mich troffen hat.« – »Erschrecke doch, / Du allzu sichre Seele!« – »Stumme Seufzer, stille Klagen, / Ihr mögt meine Schmerzen sagen, / Weil der Mund geschlossen ist.« So lauten Worte, für die Johann Sebastian Bach die richtige Musik finden musste. Mancher hört bereits das eigene Totenglöcklein klingeln, und der Meister liebt es, solche Assoziationen für die Hörenden wachzurufen. Welche anderen Töne braucht es, wenn jemand »tief gebückt und voller Reue« ist? Oder wenn jemand von sich sagen muss: »Geist und Seele wird verwirret.« Oder wo jemand sich Mut zuspricht trotz drohendem Absturz: »Erschüttre dich nur nicht, verzagte Seele!«

Schier unbegreiflich ist all das, was das menschliche Herz befällt: »Es ist ein trotzig und verzagt Ding um aller Menschen Herze.« So sagt sich der gottesfürchtige Mensch: »Ermuntert euch, furchtsam und schüchterne Sinne.« Oder: »Doch weichet ihr tollen, vergeblichen Sorgen.« Denn Rettung naht, es gibt jemand, der zieht dir »die Seele mit Seilen der Liebe«, auch wenn dein verirrter Schritt dich »bald zur Rechten, bald zur Linken« lenkt. Sage nur entschlossen: »Stirb in mir / Hoffart, Reichtum, Augenlust, / Ihr verworfnen Fleischestriebe.« Es wird jemand kommen, der dir am Ende, wenn du den Kreuzstab zu tragen bereit bist, die Tränen selbst abwischt. Du wirst ihm »die Herzenspforte öffnen«, wenn der Heiland anklopft. Die »Lebenssonne«, das »Licht der Sinne« werden dir aufgehen. »Ach wie flüchtig, ach wie nichtig«: Solche Klagen werden nicht mehr zu hören sein. Aus jedem Trübsal wird ein Jubel werden, Leiden wird sich in »selige Wonne« und »ewige Freuden« verwandeln. Darin ist des Christen letzte Zuversicht begründet: »Wir eilen mit schwachen, doch emsigen Schritten« jenem Zustand entgegen, in dem wir hoffen dürfen: »Es sei uns dein gnädiges Antlitz erfreulich«, und bitten dürfen: »O Flamme der Liebe, zerschmelze du mich!«

Sollte jemand, der diese hier nur in einer Kleinzahl von Worten aus den Kirchenkantaten vorgestellten Seelenzustände und Herzensempfindungen in unvergleichlich berührende und bewegende Musik zu verwandeln vermochte, nicht auch der prädestinierte Komponist für alle jene Gefühle gewesen sein können, die auf einer Opernbühne ins Spiel kommen können? Freilich unter der einen, alles entscheidenden Bedingung: dass er dies selber auch wirklich gewollt hätte!

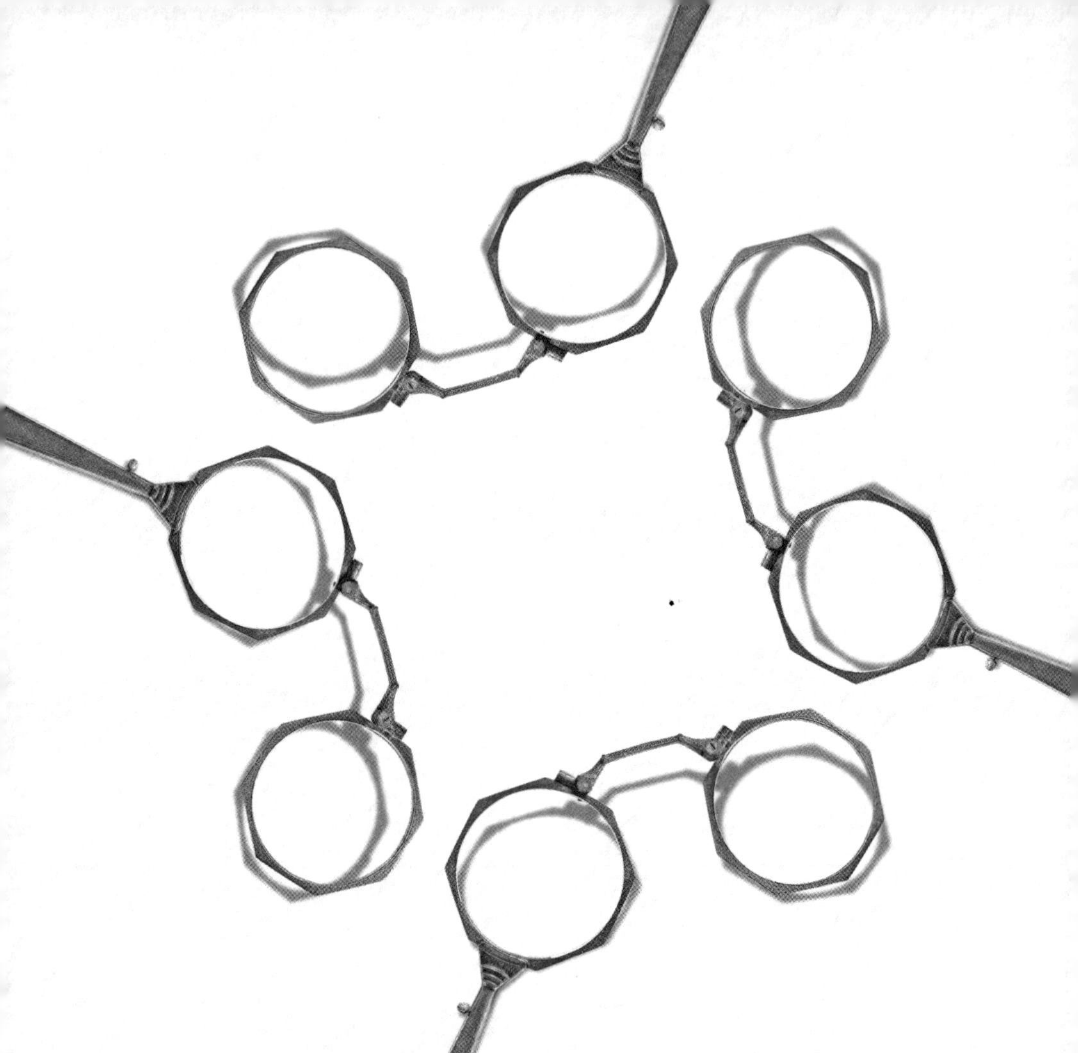

Die Kunst der Parodie

Welche Musik für weltliche Zwecke und welche für geistliche am passendsten zu sein scheint, ist keine erst zu Bachs Zeiten entstehende und besprochene Frage. Sie hat Komponisten und Interpreten spätestens seit dem Mittelalter herausgefordert. Man unterscheidet einerseits die kirchlich-liturgische Musik, wie sie in Klöstern und Kathedralen (in besonderer Weise an Notre Dame in Paris) seit dem 10. Jahrhundert gepflegt und kontinuierlich in die Mehrstimmigkeit hinein weiterentwickelt wurde. Andererseits gab es auf den Burgen und an den Höfen, wo Studierte und Gebildete und der Erhaltung von Herrschaft und Ordnung verpflichtete Menschen hausten, neben der geistlichen Musik auch ein parallel laufendes Bedürfnis nach weltlichen und festlichen Ausdrucksformen, nach Repräsentationskultur und auch konkret nach Musikinstrumenten, die man für Kirchenräume als unschicklich empfand, wie etwa Pfeifen und Trommeln. Solche harmonierten besser mit Märschen und Paraden im Freien und in Burghöfen als mit dem Stundengebet der Mönche und Kanoniker im Kirchenchor.

Ein dritter Entwicklungsstrang musikalischer Praxis verläuft über das, was sich im 13. und 14. Jahrhundert in den neu entstehenden Städten mit den Handwerkszünften und dem heranwachsenden Bürgertum an Sing-, Spiel- und Unterhaltungskultur herauskristallisiert. Man kann es auch als Spielmannskunst oft der feinen, öfters noch der derben Art bezeichnen. Im Verlauf der Jahrhunderte hat man ziemlich gut herausgefunden, was sich für die Kirche schickt und was sich besser außerhalb von ihr abspielen sollte.

Das Wort Parodie verwenden wir in mehrfacher Bedeutung. Die griechische Grundbedeutung steht schlicht für das »Gegenlied«: Der »Párodos« war in der griechischen Tragödie der Einzugsgesang des Chores, meist in einer von den Versrhythmen der Einzelfiguren sich unterscheidenden Art. In der Dichtungstheorie entwickelte sich »Parodie« immer mehr zu einem Fachbegriff zur Bezeichnung eines Textes, der einen Ausgangstext entstellt, verspottet und karikiert. Dafür verwendet man noch andere Bezeichnungen, so etwa Kontrafaktur, Travestie oder Persiflage. Eine Parodie in der Dichtung ist meistens eine satirische Spottform auf einen Vorgängertext, also eine aus einem Bedürfnis nach Komik oder Polemik entstellte Paraphrase eines ursprünglich ernst gemeinten Epos oder Gedichts. Es gibt keine Kunstform, die nicht parodiert werden könnte. Das gilt heute vor allem auch für den Film, wo parodistische Remakes die Ursprungsform einer erzählten Geschichte an Beliebtheit und Erfolg oft weit überragen. Man denke etwa an die Filme der britischen Komödiantengruppe Monty Python.

Im Musikbereich entwickelte sich das Wort »Parodie« im 18. Jahrhundert in einem etwas anderen, jedoch sehr spezifischen Sinn. Man spricht auch von einem »Parodieverfahren«, worunter man die Umgestaltung eines bereits bestehenden Werkes versteht, indem man dieses einem neuen Verwendungszweck zuführt. Dabei wird einer bestehenden Musik – beispielsweise einer Huldigungskantate für einen fürstlichen Geburtstag – ein neuer Text unterlegt, sodass wir als Ergebnis eine Kantate für einen Pfingstgottesdienst in einer der Kirchen Leipzigs vor uns haben. Es ist nun die Kunst des Librettisten, die bestehende poetische Form des Textes in einen geistlichen »Ersatztext« mit Bezug zu den anfallenden Lesungen des Kirchenjahres umzuformen, sodass der musikalische Duktus der auf einen ersten Text komponierten Musik möglichst beibehalten werden kann. Die Aufgabe eines fähigen Komponisten bleibt es dann freilich, durch leicht verändernde Eingriffe und Anpassungen dafür zu sorgen, dass die Musik den neuen Text in allernatürlichster Form gestaltet und sekundiert, so als wäre sie gerade für den neuen Text entstanden. Man kann sich vorstellen, dass auch dort, wo ein Dichter wie Picander und ein Musiker wie Bach oft unter Zeitnot Altes umgestalten und Neues hervorbringen mussten, dies nicht immer in gleich vollkommener Weise gelang. So gibt es selbstverständlich unterschiedlich gut gelungene Parodien auch unter den Werken großer Meister der Töne und Könner der Sprache.

Von Parodie kann man im weitesten Sinn freilich auch sprechen, wo ein in einer instrumentalen Ursprungsform bereits bestehendes Werk einer Bearbeitung für andere Instrumente oder für ein vollkommen anders klingendes Ensemble unterzogen wird. Auch wenn ein klassisches Musikstück auf einmal als Popmusik daherkommt, kann man von einer Parodie sprechen. In besonderer Weise ist das Wort »Parodieverfahren« jedoch in der Bach-Forschung zu einem Schlüsselbegriff geworden, weil Johann Sebastian Bach viele seiner weltlichen Kompositionen in der Leipziger Zeit zu Kirchenkantaten umgearbeitet hat, dies ganz und gar nicht in ironisch-satirischer Absicht, sondern weil er überzeugt war, dass seine mit geistlichen Texten neu ausgestattete Musik in der Kirche zu nicht geringerer Wirkung und dank des wiederkehrenden Kirchenjahres zu weit vermehrter Hörbarkeit gelangen werde. Der von ihm dabei am häufigsten beschrittene Weg führt demnach von einer Musik für einen weltlichen Anlass – Huldigungskompositionen für Fürsten und Honoratioren, Ratswahl, Universitätsfeiern und dergleichen – zu einer Neuverwendung im Kontext kirchlich-liturgischer Bestimmung. Für diese brauchte es geeignete Dichter, die einen Ursprungstext mit Elementen aus der Bibeltradition und aus dem Schatz der Kirchenlieder zu ersetzen verstanden. Und es brauchte dafür ebenso dringlich den feinfühligen Komponisten, der seine musikalischen Einfälle zu dieser parodistischen Verwandlung umzuformen bereit und fähig war.

Was den Meister in Leipzig betrifft, hat die inzwischen schon Jahrhunderte andauernde Erforschung seines Parodieverfahrens zu erstaunlichen Ergebnissen und Einsichten geführt. Das Allermeiste zur Entstehungsgeschichte von Bachs Vokalwerken ist inzwischen geklärt, freilich immer unter der Voraussetzung, dass die Quellen zu weltlicher oder geistlicher Musik irgendwann und irgendwo im Verlauf der Geschichte wiederaufgetaucht sind und nicht als verloren gelten müssen. Entscheidend ist dabei auch, zu welchen vorhandenen oder verschollenen Bach-Kantaten gedruckte Texte erhalten geblieben sind, die in Sammlungen zumeist geistlicher Kantaten zu Ruhm und Ehren der auf diesem Felde tätigen Dichter aufgenommen wurden. Als ein Musterbeispiel so eifrigen wie fruchtbaren Forschungssinnes aus unserer Zeit dürfen die Studien von Klaus Häfner aus dem Jahr 1987 genannt werden (»Aspekte des Parodieverfahrens bei Johann Sebastian Bach«). Hier sind diese deshalb ausgesucht, weil sie sich in besonderer Weise der Zusammenarbeit von Bach mit dem Textdichter Picander zuwenden. Das folgende Beispiel ist deshalb so bemerkenswert, weil der Ursprungstext weltlicher Natur vom bedeutenden Weimarer Dichter Salomon Franck stammt, der allerdings ebenso fähig in der Kunst war, geistliche Kantaten zur Ergötzung der Kirchgänger zu verfassen. Später hat Bach diese Musik – insbesondere die von Arien und Chören – mithilfe von neuen Texten der Dichterin Marianne von Ziegler und seines Hauptmitarbeiters der Leipziger Zeit Picander für Kirchenkantaten wiederverwendet. An diesem Beispiel wird modellhaft greifbar, welche Fragen sich bei der Erforschung von als Parodie entstandenen geistlichen Kantaten ergeben.

Ausgangspunkt unseres Exempels ist Bachs sogenannte »Jagdkantate«. Es ist die erste vollständig erhaltene unter seinen weltlichen Kantaten mit der Anfangszeile: »Was mir behagt, ist nur die muntre Jagd« (BWV 208). Vermutlich komponierte er das Werk im Februar des Jahres 1713, als Geburtstagshuldigung für den vom Prinzen zum Herzog aufgestiegenen Christian zu Sachsen-Weißenfels. Aufführungsort dürfte der zum Schlosskomplex Weißenfels gehörige »Fürstliche Jäger-Hof« gewesen sein, aller Wahrscheinlichkeit nach an einem Abend nach einem »Kampfjagdtag« in den fürstlichen Gehegen. Was nun an diesem Werk besonders ist, liegt in der Tatsache, dass Bach mehrfach in späteren Jahren die Kantate in ihrer weltlichen Form wiederaufgeführt hat, in Weimar und in Leipzig, dort das letzte Mal wohl 1742, dass er aber auch drei Sätze dieser Kantate für verschiedene Kirchenkantaten aus der Leipziger Zeit wiederverwendet hat. Da sowohl die Quellen der weltlichen wie der kirchlichen Fassungen gut dokumentiert sind, ist man in der glücklichen Lage, den Parodievorgang im Detail verfolgen zu können.

Die Bezeichnung des weltlichen Librettos als »Frohlockender Götterstreit« lässt erkennen, worum es bei dieser festlichen Serenadenmusik gegangen sein könnte. Es treten vier Gottheiten auf, zwei mit Sopranstimmen, eine Tenor- und eine Bassstimme. Als Erste stellt sich Diana vor, die Göttin der Jagd, die in einem Rezitativ und einer Arie ihre Jagdlust besingt, die sie Beute machen lässt, noch bevor Aurora sich am Himmel zeigt. Jagen sei die wahre Lust der Götter und der Helden. Dianas Liebhaber Endymion beklagt darauf, dass seine Geliebte das Liebesleben vernachlässige, ihrem Liebhaber keinen »Zuckerkuss« mehr gebe und nur noch die Jagd im Kopf habe. Die Netze Amors seien ja viel schöner und lohnender als jene der Jägerei. Diana bekräftigt zwar ihre Liebe zu Endymion, heute jedoch habe sie wichtigere Geschäfte als die Liebe, denn es sei »der teure Christian« erschienen, den sie mit einem »Liebeskuss« empfangen und bedienen wolle. Das sieht Endymion natürlich ein und will daraufhin mit Diana gemeinsam zu Ehren des Herzogs, der ein Jagdnarr zu sein scheint, »ein Freuden-Opfer zünden«. Nun tritt Pan, der arkadische Berg- und Herdengott, in Erscheinung und verkündet, der wahre Pan und Gott der Felder und Wälder sei doch der Landesfürst. Pan will seinen eigenen Schäferstab diesem

Christian zum Regierungsszepter hinlegen. »Der Fürst ist seines Landes Pan«, verkündet er in seiner Arie. Ein Land sei eine Totenhöhle ohne einen Fürsten als Haupt des Reiches. Darauf erscheint auch noch Pales, die Göttin der Hirten. Auch sie will ihre Gottheit zugunsten des Fürsten sistieren und in das zum Geburtstag landesweit erschallende Vivat einstimmen. Dabei singt sie die bezaubernd idyllische Arie: »Schafe können sicher weiden, / wo ein guter Hirte wacht« – eine der beliebtesten und bekanntesten Arien Bachs aus seinem gesamten Werk. Jetzt stimmt auch der Chor mit ein in den Jubel des Tages: »Lebe, Sonne dieser Erden«, und man geht gewiss nicht fehl in der Annahme, dass damit nicht nur die Sonne am Himmel, sondern in besonderer Weise der Landesfürst selbst gemeint sein soll. Dramaturgisch wäre die Sache damit eigentlich abgeschlossen, doch weil ein Fürstenlob so einmalig schön ist, wird alles noch einmal aufbereitet und nachgedoppelt: zuerst mit einer Arie in Duettform zwischen Diana und Endymion, von einer ergänzenden Solovioline verziert, danach mit zwei Einzelarien von Pales und Pan, die solistisch durch keine zusätzlichen Instrumente ergänzt werden. Lauter »Strahlen der Freude« entzücken die Menschen in der Nähe dieses Fürsten. Pales besingt die »wollenreichen Herden«, die auf Sachsens Felder ausgetrieben werden. Pan will, dass nicht nur die Menschen, sondern Felder und Auen in den Jubel auf den Herrscher einstimmen: »Es lebe der Herzog in Segen und Ruh!« Man kann schon sagen: Das Herrscherlob wird in guter Barockmanier sprachlich sehr dick aufgetragen.

Musikalisch ist die Kantate allerdings ein Hochfest: Ein reich besetztes Orchester, mit Jagdhörnern, Blockflöten, Oboen (sogar drei an der Zahl), Streichinstrumenten und Basso continuo. Die Jagdgöttin hat ihre Hörner, Pan seine Schalmeien, Pales die bukolisch klingenden Blockflöten. Ob Bach selbst in der Continuo-Gruppe am Cembalo saß, ist nicht bezeugt. Ewig schade, dass wir nicht erfahren können, wie er die Schlussarien von Pales und Pan improvisatorisch angereichert haben mag, bevor der Chor den Schlusspunkt setzte mit »Ihr lieblichste Blicke, ihr freudige Stunden!« und mit dem Wunsch, der Himmel möge die Herrschenden mit »süßester Lust« krönen. Offen gestanden: Bis heute ist eine Aufführung von Bachs »Jagdkantate« ein helles Vergnügen. Er liebte diese Musik offenbar so sehr, dass er sie – angepasst an andere Herrscher im Sachsenreich oder auch nur zum Vergnügen seiner Hörerschaft in seinem »Collegium Musicum« – immer wieder aufführte.

Doch damit nicht genug des Beglückenden: Bach wollte Teile dieser Musik auch im kirchlichen Räumen hören. So verwendete er zwei Arien seiner »Jagdkantate« 1725 für die Kantate des 2. Pfingsttages in Leipzig »Also hat Gott die Welt geliebt« (BWV 68). Die geistliche Umdichtung verdanken wir der unter Gottscheds Einfluss stehenden Dichterin Marianne von Ziegler, Tochter eines Leipziger Bürgermeisters, auf deren Kunst Bach für mehrere Kompositionen von Kantaten zurückgegriffen hat.

Von den »wollenreichen Herden« der Pales-Arie bis zu dem Text der Leipziger Dichterin waren für Bach allerdings gewaltige Eingriffe und Umbauten der ursprünglichen Arie notwendig, was er aber so erfolgreich tat, dass diese in der kirchlichen Fassung noch beliebter wurde. Die Sopranarie »Mein gläubiges Herze / Frohlocke, sing, scherze« aus dieser »Pfingstkantate« gehört zu den beliebtesten Bach-Arien überhaupt. Bach fügte dem Continuo ein obligates Violoncello piccolo hinzu, was der Arie neben der ostinaten Schwere neue Dynamik und neuen Schwung verlieh. Die Stimmführung, die in der Jagdfassung eher liedmäßig und einfach gehalten war, formte er durch Intervalle und neue Verzierungen raffiniert um, sodass die Sopranstimme sich in ganz neuem Glanz und neuer Strahlkraft präsentierte. Am Schluss der Neufassung ergänzte er die Arie noch mit einem instrumentalen Nachspiel, in dem die hinzutretende Violine und Oboe mit dem kleinen Violoncello ein kunstvolles Terzett bilden.

Diese Neufassung durch den Komponisten selbst kann man wirklich als »die vollendete Kunst der Parodie« bezeichnen. Auch bei der aus der »Jagdkantate« in die »Pfingstkantate« übernommenen ersten Pan-Arie musste Bach höchste Adaptationskunst aufbieten, schon weil die Verse von Salomon Franck und jene von Frau von Ziegler in Rhythmus und Maß wenig Kompatibilität zeigen. Das Oboentrio, das der »Jagdkantate« so bukolische Atmosphäre verlieh, wirkt mit dem auf das »Johannes-Evangelium« basierenden Text »Du bist geboren mir zugute, / Das glaub ich, mir ist wohl zumute!« zwar etwas befremdlich, aber versöhnend und beglückend durch die mit dem Pfingstgeist sich auf Erden verbreitende Rettungsbotschaft des Glaubens sind sie dennoch.

Nun aber zum Schlusschor der »Jagdkantate«, für den Bach im Verlauf der Jahre offenbar mehrfach neue Verwendung fand. Hier interessiert jene Variante, die er vermutlich für die Aufführung vom 29. September 1729 zur Michaelismesse in Leipzig wählte. Der ursprüngliche Schlusschor der »Jagdkantate« war ein freudiger Kehraus zum Abschluss eines Festtages am Hofe von Weißenfels. »Lieblichste Blicke und freudigste Stunden« wurden da besungen, alles aufgerufen, was »Herzen vergnüget, was Trauern besieget« und was die »fürstliche Eh'« von Herzog Christian und seiner Luise Christine mit Anmut umfangen und mit Glück bedienen möge.

Den neuen Text bezog Bach aus dem Zyklus von Kantaten, die Picander 1728 in der Erwartung publiziert hatte, dass sie von Bach vertont würden. Inhaltlich ging es nun in der bereits dritten von Bach für das Fest des Erzengels Michael komponierten Kantate um den Sieg des himmlischen Kriegers gegen den teuflischen Widersacher, basierend auf zwei Versen aus Psalm 118: »Man singet mit Freuden vom Sieg in den Hütten der Gerechten.« Der Erzengel wird als »die Rechte des Herrn« betrachtet, die immer den Sieg über Teufel und Feinde behält. Die Gelehrten sind sich nicht ganz einig, ob Bach als Eröffnungschor zunächst eine neue Komposition erwog und vielleicht aus Zeitnot auf die Huldigungsmusik von 1713 zurückgriff. Diese schilderte ja weniger den vom Erzengel siegreich ausgefochtenen Kampf zwischen Gut und Böse, sie beschwor vielmehr eine Fest- und Jubelstimmung herauf, wie sie passend sein mochte nach erfolgreich entschiedenem Kampf. Man darf sich vorstellen, dass er das festliche Gepräge seiner Eingangsmusik für die Messebesucher in den Kirchen Leipzigs nicht unpassend fand. Im Orchester ersetzte er für die neue Bestimmung die Jagdhörner von Weißenfels mit drei Trompeten und mit Pauken, beließ die drei Oboen, fügte ein Fagott hinzu und setzte das Stück um eine kleine Terz tiefer, von F-Dur nach D-Dur. Es waren also ziemlich substanzielle und aufwändige Eingriffe und Anpassungen notwendig, bis das Stück in den Augen Bachs den Anforderungen des neuen Rahmens angemessen war. Die Vermutung liegt nahe, dass die Parodiearbeit den Komponisten kaum weniger Arbeit gekostet haben könnte, als wenn er das Ganze neu geschrieben hätte. Das Resultat dieses verwandelten Eingangschores zeigt aber, dass Bach sich erst zufriedengab, wenn er musikalisch die für den Anlass am besten geeignete Lösung gefunden hatte.

Alfred Dürr schreibt zu dieser »Michaeliskantate«: »Ob noch weitere Sätze des Werkes Parodie sind, wissen wir nicht; wenn ja, so wären die Vorlagen dazu verschollen. Auch wäre die Umformung wiederum außergewöhnlich gut gelungen.« Er weist auch darauf hin, dass die zweite Arie, in der es um die den Menschen Schutz gewährenden Engel Gottes geht, »von bezaubernder Lieblichkeit« sei. Tatsächlich ist es so, als wolle Bach mit dieser Sopranarie vorführen, dass ein menuettartiger Engelstanz sehr wohl in eine Kirche passt. Auch das folgende Duett, mit obligatem Fagott verziert, zeichnet sich »durch eingängige Melodik« aus, wie Dürr meint. Im Schlusschoral gestattete sich Bach für seine Hörerschaft eine echte Überraschung: für die letzten Takte bot er nochmals Pauken und Trompeten auf. Er wusste ziemlich gut, woran Messebesucher als Kirchgänger Gefallen finden könnten!

Einen etwas besonderen Fall von Parodie stellen Bachs lateinische »Kyrie-Gloria-Messen« – oft auch »Lutherische Messen« genannt – dar (BWV 233 bis 236), bei denen der Meister größtenteils Sätze aus bestehenden Kirchenkantaten verwendete, um diesen den Text des lateinischen Messe-Ordinariums zu unterlegen. An Festtagen war es in den Hauptkirchen Leipzigs – zumal in der Thomas- und in der Nikolaikirche – üblich, auf diese Tradition der mehrstimmig gesungenen Kyrie- und Gloria-Gebete zurückzugreifen, an gewissen Festtagen kam auch noch das »Sanctus« hinzu. Bach verwendete dafür häufig auch Kompositionen von italienischen Kollegen oder von jenen, die auch die katholische Tradition des Kirchengesanges bedienten. In den 1730er-Jahren hatte er offenbar beschlossen, auch eigene Kompositionen so umzuformen, dass sie zum lateinischen Text passten. Das scheint sogar einfacher gewesen zu sein, als einen bestehenden deutschen Text durch einen von Picander oder den eines anderen Dichterkollegen neu verfassten zu ersetzen. Die lateinischen Silben fügten sich offenbar leicht und ganz natürlich in die manchmal stark verzierten melodischen Linien und Figuren der bereits bestehenden Komposition. Es gibt allerdings Kritiker, die Bachs Umnutzung von Chören und Arien aus ehemaligen Kantaten zu lateinischen Messe-Texten als problematische Notlösungen ansehen. Dieser Ansicht kann man durchaus sein. Vorstellbar ist allerdings auch, dass diese Messe-Fassungen bezahlte Auftragsarbeiten an Bach aus katholischen Teilen der angrenzenden Gebiete gewesen sein könnten. Er brauchte nur seine Kantatenschatztruhe zu öffnen, um die Auftraggeber rasch zufriedenzustellen.

Als »parodistisch« ansehen könnte man allerdings auch Bachs Mut oder gar Übermut, in eine Kirchenkantate ganz und gar weltlich anmutende Tänze wie den Passepied, die Gavotte oder der Gigue verwandte Rhythmen einzubauen und so die Kirchgänger Leipzigs mit kecken Synkopierungen aus ihren frommen Gedanken aufzurütteln. Dafür ist seine Kantate zum Fest Johannes des Täufers »Freue dich, erlöste Schar« (BWV 30) ein hervorragendes Beispiel. Es ist eine der allerletzten seiner erhaltenen Kirchenkantaten, vermutlich zum 24. Juni 1738 entstanden, oder aber für das gleiche Datum eines der darauffolgenden Jahre. Die Entstehung dieser Kantate ist einer Huldigungsmusik zu verdanken, die Bach nach einer Dichtung seines Vertrauten Picander für einen gewissen Johann Christian Hennicke zum Einzug als Erb- und Lehnherr auf dem Gut Wiederau bei Leipzig im September 1737 komponierte (»Angenehmes Wiederau«, BWV 30a). Das war eine inhaltlich nicht besonders einfallsreiche Geschichte mit vier allegorischen Figuren – das Schicksal, das Glück, die Zeit und der Fluss Elster –, die miteinander wetteiferten in der Lobpreisung des gnädigen Gutsherren, dem am neuen Ort nun alles zu seinem Glück und Wohlergehen gelingen und gedeihen möge. Wenn auch der Text für uns Heutige holperig und recht konventionell ist: Bach fiel dazu herrlich lebendige Musik ein, mitreißend beschwingt und sprühend von guter Laune und frechen Einfällen, Teile davon womöglich bereits aus Köthener Zeit stammend. Erhalten ist nur die für Wiederau von ihm ausgewählte Variante.

Ein gutes halbes Jahr später stand in Leipzig der Johannistag an, und Bach wählte aus der weltlichen Musik – vielleicht sogar mit einem erneut von Picander dazu gelieferten Text – die benötigte Kantate für den Johannistag. Dafür verwendete er den Eingangs- und den Schlusschor sowie die Arien von BWV 30a, während er die Rezitative wohl neu komponierte. Für die Kirchenkantate schob er am Ende des ersten Teils vor der Predigt einen Choral ein, blieb aber dabei, am Schluss der Kantate den Eingangschor mit neuem Text und ohne Choral zu wiederholen, orchestrierte Anfangs- und Schlusschor leicht um, ohne Pauken und Trompeten, sodass diese nun kirchenvertrauter erklangen. Nun vernahm man am Ende nicht mehr den Lobpreis auf den Gutsherrn und die Auen Wiederaus, sondern es hieß: »Freue dich, geheilgte Schar, / Freue dich in Sions Auen.« Sions Auen waren, universell betrachtet, doch noch begehrter als jene von Schloss Wiederau in der sächsischen Provinz. Die vier Arien, die Bach vom Weltlichen ins Geistliche hinüberrettete, sind eines der schönsten Zeugnisse dafür, dass dem großen Meister nur eines wichtig war: bestmögliche, die Lebensfreude und die Lust am Schönen fördernde Musik. Ob im Schloss oder in der Kirche, ganz egal!

Abschließend sei ein Blick auf einige Überlegungen geboten, die der große Bach-Kenner und Barockspezialist John Eliot Gardiner angestellt hat, als er im Jahr 2000 mit seinem Ensemble durch europäische und einige amerikanische Kirchen gezogen ist, um Bachs gesamtes geistliches Kantatenwerk zur Aufführung zu bringen. Dies tun wir vor allem hinsichtlich der Frage, was in den Augen Bachs als kirchlich-geistliche und was als weltliche Musik gelten darf.

Sir Gardiner hat nach seiner »Kantatenwallfahrt«, einer bewunderungswürdigen »tour de force« zu Ehren des Meisters, im Jahr 2013 eine die Ergebnisse aktuellster Bach-Forschung einbeziehende Monografie zu Bachs Leben und Werk nachgeliefert, die in der deutschen Übersetzung den Untertitel trägt: »Musik für die Himmelsburg«.

»Himmelsburg« war bekanntlich der Name der Weimarer Schlosskapelle, in der Bach zwischen 1708 und 1717 als Organist und Hofmusiker tätig war. Am 2. März 1714 wurde er in Weimar zum Hofkapellmeister ernannt und hatte nun auch die Pflicht, monatlich eine Kantate für die Gottesdienste zu liefern. Die erste, die er in seiner gehobenen Position schuf, war wohl die für den Palmsonntag, den 25. März desselben Jahres, gestaltete Kantate »Himmelskönig, sei willkommen« (BWV 182). Ein Werk nach einer Dichtung von Salomon Franck von ungewöhnlich einprägsamer Ausdruckskraft und von geradezu höfischer Eleganz. Die Eingangssonata – mit solistischer Flöte und Violine – ist mit den doppelt besetzten Streichern und dem Basso continuo eine fröhlich aufmunternde und sich steigernde Begegnungsmusik, der ein Chor folgt, aus dessen Stimmen man das Aufgeregte und die hüpfende Erwartungsfreude eines bevorstehenden freudigen Ereignisses geradezu heraushört. Es folgen drei Arien, je eine für Bass, Alt und Tenor, von denen die erste eine tänzerische Unbefangenheit nicht verleugnet, während die zweite uns nahelegt, unsere Herzen dem Heiland »unterzulegen« – wie es damals die Anhänger Jesu mit den Palmzweigen und ihren Kleidern bei seinem Einzug in Jerusalem taten. Die Musik rührt uns durch den innigen Klang der Soloblockflöte und die bittende Zuversicht und Anmut der Altstimme. Die dritte Arie vermittelt etwas von der Erregung einer Christenseele, die vorausfühlt, dass auf das Hosanna des Einzugs das »Kreuzige« des Karfreitags folgen wird. Als Abschluss setzt Bach eine Choralbearbeitung, in der die Seele der Choristen »auf Rosen geht« – gefolgt von einem Virtuoso der Chorstimmen, die alle »ins Salem der Freuden« eingehen möchten. Diese Musik strahlt derart von Daseinsfreude, dass niemand mehr unterscheiden möchte, ob das Gehörte als weltlich oder geistlich einzuordnen ist. Über diesen »munteren Chortanz« am Ende der Kantate schreibt Gardiner in seinen Erinnerungen an seine erwähnte Kantatenwallfahrt, dieser hätte »auf direktem Wege einer heiteren Oper dieser Zeit entnommen sein können«.

Wollte man aus Bachs Leipziger Zeit einen anderen Fall von »weltlichen Elementen« in seinen Kirchenkantaten erwähnen, so wäre sicherlich die Choralkantate aus dem Jahr 1724 zum 20. Sonntag nach Trinitatis »Schmücke dich, o liebe Seele« (BWV 180) ein geeignetes Beispiel. Texthintergrund ist hier das Abendmahlslied von Johann Franck aus dem Jahr 1649, in dem der Dichter die Seele in der ersten Strophe auffordert, sich zu schmücken, endlich die »Sündenhöhle« zu verlassen und ans helle Licht zu treten, denn sie sei zu einem Mahl geladen, zu dem auch »der Herr von Heil und Gnaden« einkehren wolle. Vielleicht war es auch das »Matthäus-Evangelium«, in dem vom Erscheinen Jesu bei einem Hochzeitsmahl die Rede ist, das Bach für diesen Sonntag zur Komposition einer so fröhlichen Musik ermuntert hat. Welcher Dichter einzelne der Liedstrophen zu Rezitativen und Arien umgeformt hat, ist unbekannt. Alfred Dürr schreibt dazu: »Der Eingangschor und beide Arien haben Tanzcharakter«, präzisiert dies aber mit der Bemerkung: »Wenngleich sie keine eigentlichen Tanzsätze sind, so steht Satz 1 der Gigue, Satz 2 der Bourrée und Satz 5 der Polonaise nahe.«

In Satz 1 bereichern die festlich besetzten Orchesterstimmen abwechslungsreich die Choralmelodie. Festfreude soll aufkommen, auch in der Kirche! In der folgenden Tenorarie herrscht Munterkeit und Zuversicht, man soll die Herzenspforte öffnen in »entzückter Lust«, man könne ja nur mit »halb gebrochenen Freudenworten« ausdrücken, was man dem hohen Gast Jesu sagen wolle. Die Polonaise-Arie der Sopranstimme dreht danach beinahe durch mit ihrem geradezu rauschhaften Besingen von »Lebens Sonne, Licht der Sinnen«. Man könnte meinen, sie wolle die Kirche in einen Tanzsaal verwandeln. Hochzeit ist Hochzeit, ob auf Erden oder im Himmel! Und was ein wirkliches »Seelenessen« ist, im Festsaal oder im Kirchenraum, verstehen vielleicht tatsächlich nur Menschen, die mit irdischen Hochzeitsfesten und mit den Erwartungsfreuden jungen Glücks vertraut sind.

Sir John Eliot Gardiner – als ein gerade auch mit der Barockoper hoch vertrauter Interpret – hat sich in seinem Bach-Buch viele musikrelevante Überlegungen über Dramatisches und Opernhaftes in Bachs Kirchenkantaten, Passionen und Oratorien gemacht. Einige seiner Gedanken dürfen beim Thema »Bach und die Oper« nicht in Vergessenheit geraten. Er spricht von »Klangdramen« bei Bach, die anders seien als die der Opern von Händel und Rameau. Im Zentrum seiner Überlegungen zum Phänomen Dramatik in Bachs Musik steht »die dramatische Wucht der Johannespassion« mit ihrer »musiktheatralischen Intensität, die über alles hinausgeht, was Opernpartituren der damaligen Zeit zu bieten haben«. Bachs Kunst des Erzählens mit den Mitteln der Musik ist gerade in seinen Passionen gleichzeitig eine Dramatisierung des Passionsgeschehens und eine Meditation über das von den Evangelien Berichtete, und somit in Gardiners Worten eine »Verquickung von Musik, Exegese und Dramatik«.

Man darf sich fragen, ob es sich bei den Zuhörenden überhaupt um vergleichbare Gefühle handelt, die Musik einerseits im Opernhaus, anderseits in der Kirche wachzurufen vermag. Ganz sicher ist in der Kirche der Partizipationsgrad der Beteiligten durch das Mitsingen der Gemeinde bei Chorälen und Kirchenliedern ein anderer. Wir können darüber spekulieren, was die lutherischen Gläubigen Leipzigs am Karfreitag 1724 in der Nikolaikirche empfunden haben mögen, als sie zum ersten Mal das Drama von Bachs »Johannes-Passion« erlebten. Wir dürfen jedoch davon ausgehen, dass sie diese am allerwenigsten mit der Bezeichnung »opernhaft« charakterisiert haben würden. In dieser Musik kam wohl eine Ergriffenheit ins Spiel, die sich mit Glaubensinhalten und religiösen Überzeugungen bestens vertrug, auch wenn das Gehörte kühn und für den Kirchenraum unvertraut klang. Da Religion heute eine persönlich-intimere und weniger gesellschaftlich etablierte Praxis sein mag, als sie es in der Barockzcit war, bleibt es dennoch nicht ausgeschlossen, dass bei Aufführungen von Bachs für die Kirche geschriebene Musik Menschen mit Antennen für religionsaffine Realitäten auch in weltlichen Räumen wie Konzertsälen beim Hören seiner Kirchenkantaten, Passionen oder Oratorien Erfahrungen anderer Art machen, als sie in einem Opernhaus üblich sind.

Im Jahr 2016 publizierte Markus Rathey, Professor für Musikgeschichte an der Yale University eine Studie zu Bachs größten Vokalwerken (Das »Magnificat«, die Passionen, die Oratorien, die »h-Moll-Messe«) mit dem Untertitel: »Music, Drama, Liturgy«. Ihr letztes Kapitel – der großen Messe gewidmet – betitelt Rathey mit »Between Opera and Architecture«. Das ist überraschend, denn wer würde zunächst davon ausgehen, dass gerade in Bachs »h-Moll-Messe«, in einem der größten Werke europäischer Kirchenmusik, auch Opernhaftes anzutreffen sei? Dies hängt mit Bachs unvergleichlicher Kunst zusammen, das Parodieverfahren zu praktizieren, mit dem er sich bis in seine alten Tage hinein befasste. Das heißt: bis in die Jahre 1748 und 1749, als er Teile der »h-Moll-Messe« für den Dresdner Hof fertigstellte.

Was sind nun die »opernhaften« Elemente in der »h-Moll-Messe«, an deren Vollendung Bach insgesamt mehr als 15 Jahre lang laborierte? Nach Rathey sind es die drei als Sätze der Messteile umgearbeiteten »Liebesduette«, die als Parodien im Kyrie, im Gloria und im Credo auftauchen. Zwar ist die Ursprungsform der vermuteten Parodie-Vorlagen nicht in allen drei Fällen auffindbar, doch der Bach-Forscher ist überzeugt, dass es sich bei den Duetten »Christe eleison« aus dem Kyrie, »Domine Deus« aus dem Gloria und »Et in unum Dominum« aus dem Credo um Parodien nach dem Typus jener Liebesduette handelt, die wir aus sowohl weltlichen wie aus kirchlichen Kantaten (beispielsweise aus »Wachet auf, ruft uns die Stimme« BWV 140) Bachs kennen. Die Verwendung einer Musik, die durchaus in einer Liebesszene in den Opernhäusern jener Zeit vorstellbar ist, lag für Bach bei einer Messe (einem Liebesmahl zwischen Jesus und seiner Gemeinde) umso näher, als es in seinem Kantatenwerk zahlreiche Beispiele gibt, in denen das Verhältnis der christlichen Menschenseele zu Jesus als eines zwischen Braut und Bräutigam in der christlichen Auslegung des »Hohen Liedes« gedeutet wird. Hier kommen lutherisch-pietistische Mystik in der Liturgie und katholische Deutung der Messe einander erstaunlich nahe. Es ist davon auszugehen, dass unter den Hörern der »h-Moll-Messe« (die Uraufführung der vollständigen Messe fand wohl erst mehr als ein Jahrhundert nach Bachs Tod statt) niemand skandalisiert war ob der Verwandlung einer erotischen Liebeserklärung in eine ergreifende Gestaltung von Teilen des liturgisch verwendeten Messetextes. Zu dieser genialen Verwandlung fähig war allerdings allein Bach selbst, der nicht nur in der Kunst des Komponierens, sondern auch in jener des Parodierens nicht seinesgleichen hat.

BWV 68
Kantate | »Also hat Gott die Welt geliebt«
Ton Koopman

BWV 149
Kantate | »Man singet mit Freuden vom Sieg«
(Michaelis-Fest)
Ton Koopman

BWV 30
Kantate | »Freue dich, erlöste Schar«
Masaaki Suzuki

BWV 30a
Kantate | »Angenehmes Wiederau«
Ton Koopman

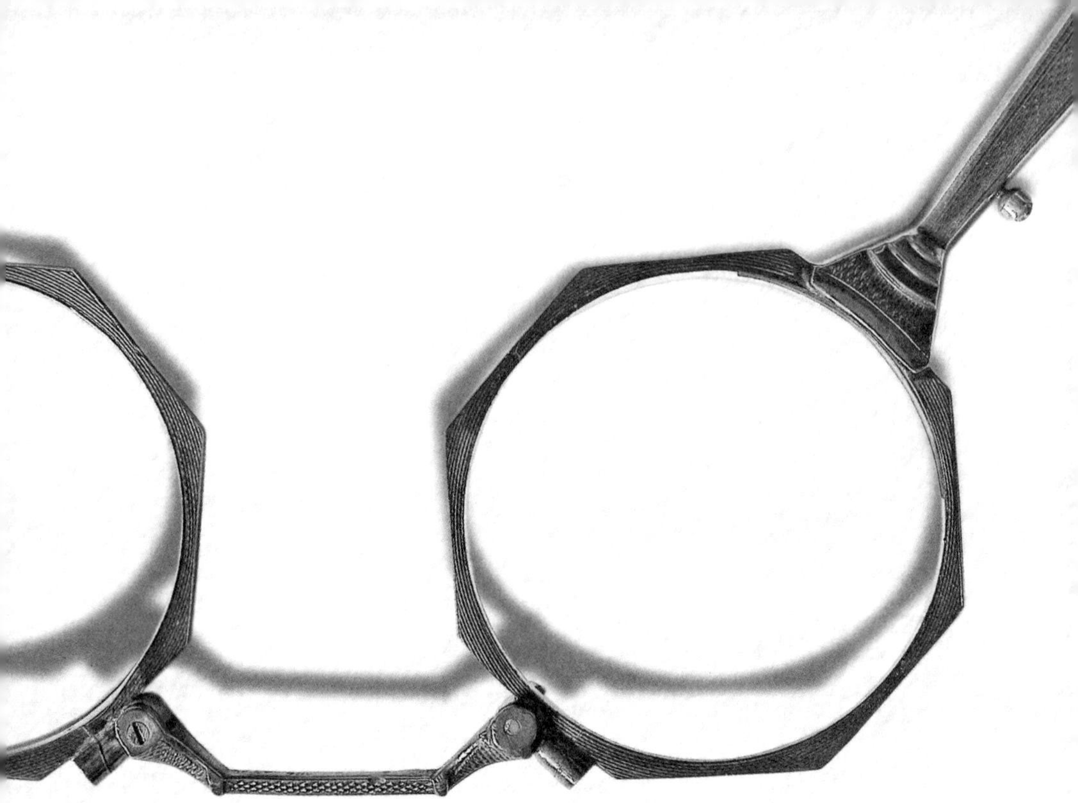

Bach und der Wille zum Wesentlichen

Mit der Entscheidung Johann Sebastian Bachs im Jahr 1723, als Thomaskantor nach Leipzig zu gehen, waren die Beschäftigungsprioritäten für ihn in hohem Maß vorgegeben. Er hat – so könnte man folgern – also keine Oper geschrieben, weil diese Präsentations- und Erfahrungsform von Musik fürs Theater weder die von ihm geforderte noch die in seinem Umfeld gefragte war.

Aufgrund seiner Erfahrungen nach den ersten Jahren in Leipzig, seiner Erfolge und seiner Enttäuschungen als Thomaskantor mit Kollegen und Behörden, veränderte sich wohl etwas in seiner Vorstellung, was die prioritären Aufgaben eines Komponisten in seiner Lage sein mussten. Man könnte auch sagen: Bach entwickelte ein spezielles Sensorium dafür, was für ihn als Musiker in Amt und Würden geziemend und ehrenhaft war. Seine meist bis zu dreifach komponierten geistlichen Kantaten zu den Sonntagen und zu den Festen des gesamten Kirchenjahres – mit besonderer Berücksichtigung der Passionenzeiten und der liturgischen Hochfeste – hatten ihn zu einem Komponisten mit eindeutigem Schwerpunkt in der Kirchenmusik werden lassen. Auch wenn er seine Tätigkeit als Komponist weltlicher Huldigungsmusiken seinen früheren Hofherrschaften gegenüber treu beibehielt, hatte er sich in den Jahren bis 1730 zum absoluten Meister in der Komposition von Kirchenkantaten entwickelt. Bach verstand sich selbst als Schöpfer neuer Werke, geradezu als ein »Wissenschaftler«. Von seiner Umgebung durfte er ebenso hohe Anerkennung seiner Kompositionskunst im Bereich der Instrumentalmusik erwarten. Dass er als gläubiger Lutheraner eine besondere Affinität zur religiös orientierten Kirchenkantate bewies, entsprach gewiss einer thematischen Neigung, die ihn befriedigte und vermutlich sogar glücklich machte.

Was kann unter solchen Umständen dies letztlich bedeuten: Bach und der Wille zum Wesentlichen? Für ihn und für die ihm Nahestehenden ganz gewiss in erster Linie das Religiös-Existenzielle; danach gleich das Verwandtschaftlich-Familiäre; doch nicht minder wichtig für den Musiker Bach: das Beruflich-Handwerkliche. Das bedeutete für ihn: nur das Bestmögliche hinnehmen, weiterentwickeln und fördern, wenn es um die Musik und die Kunst in ihren vielfältigen Erscheinungsformen sakraler und weltlicher Natur geht.

Für uns, Zeitgenossen des 21. Jahrhunderts, ist die Frage etwas einfacher zu beantworten: Bachs Wille zum Wesentlichen besteht in seiner geradezu lebenslangen Auslotung dessen, was im Vokalen und Instrumentalen, im Solistischen wie im Chorischen, im Geistlichen wie im Weltlichen, ja in absolut allen vorhandenen Formen musikalischer Kunst für den Menschen hörbar werdende Schönheit in handwerklicher Meisterschaft sein könnte. Für diesen Komponisten war Musik vermutlich die größte und schönste Gabe, die der Schöpfer aller Dinge den Menschen vermacht und anvertraut hat. Für manche von uns ist Musik dies heute noch.

Darum macht es Sinn, danach zu fragen, wie sich in Bachs Kompositionskunst Formen wie Rezitativ und Arie, Ensembleszenen und Chorpartien entfalteten. Gerade im barocken Zeitalter gelangten diese musikalischen Formen ja zu ganz unerwarteter Blüte. Die Überraschung, welche tradierten Formen er aus der alten und aus seiner zeitgenössischen Musik übernimmt, umgestaltet, erneuert und vollendet, ist bis zum heutigen Tag anhaltend. Sicher ist: die gelehrten Formen waren ihm wichtiger als die modischen und die galanten. Dennoch wusste er geradezu instinktiv, dass das Leben nicht nur aus Leid und Trauer, Krieg und Tod, Entsagung und Verzicht besteht, ebenso gehörten für ihn Freude und Lust, Vergnügen und Entspannung dazu, oft sogar Genuss und Heiterkeit. Und all dies fand bei ihm auch Eingang in seine Musik!

In Bachs Optik bleibt erster Sinn und Zweck des Musizierens ohne Zweifel: die Ehre Gottes und danach – die Menschen betreffend – auch »die zulässige Ergötzung des Gemüts«. Oder wie es in der Einleitung zu seinem »Orgel-Büchlein« (BWV 599–644) heißt: »Dem Höchsten Gott allein' zu Ehren, / Dem Nechsten, draus sich zu Belehren.« Das ist und bleibt die prioritäre Ausrichtung seiner Musik. Wenn man dann allerdings feststellt, welche Freiheit und Kühnheit er im Verlauf seiner Komponistenkarriere im Umgang mit Rezitativen, mit »Arioso-Passagen« und in der Ausgestaltung von Arien für die unterschiedlichen Stimmlagen gewinnt, kann man nur sagen, dass er die allermeisten Opernkomponisten seiner Zeit an Originalität und Einfallsreichtum bescheiden aussehen lässt. An dieser Stelle werden wir einige Arien aus Bachs Kirchenkantaten etwas näher betrachten, die im Zusammenspiel von Singstimme, Soloinstrument und Tuttiorchester jeden Opernkomponisten der Barockzeit vor Neid erblassen lassen müssten. So gut wie seine renommierten Kollegen an den Opernhäusern verstand Bach es allemal, Rezitative und Arien in herzbewegende Musik zu verwandeln.

Man kann die Kunst des Meisters, in Arien den gewaltigen Reichtum an menschlichen Gefühlen, Leidenschaften, Haltungen, Erwartungen und Hoffnungen zu gestalten, unter den verschiedensten Gesichtspunkten betrachten. Bach war als Komponist Praktiker genug, um je nach den vorhandenen Kapazitäten seiner Sänger und seiner Instrumentalisten zu entscheiden, was seinen Choristen und seinen Solisten stimmlich und instrumental zumutbar war. Er war als Cembalo- und Orgelvirtuose, als Violin- und Violaspieler mit den technischen Voraussetzungen und Einschränkungen der von ihm jeweils gewählten Instrumente so vertraut, dass er die Fähigkeiten seiner Musiker abzuschätzen vermochte und diese weder überfordern noch unterfordern wollte. Und sicherlich war er vor allem darauf bedacht, aus den ihm zur Verfügung stehenden Musikanten das Bestmögliche herauszuholen. Unter diesem Aspekt ist Bachs Kunst gestalterischer Vielfalt in den Arien seiner geistlichen und seiner weltlichen Kantaten besonders bemerkenswert, ja geradezu einmalig. Man darf diese ruhig als seinen mit keinem anderen vergleichbaren »Arienkosmos« bezeichnen.

Nicht wenige unter den großen Stimmkünstlerinnen und Stimmkünstlern unserer Zeit wagen sich an Aufnahmeprojekte, die eine Auswahl der in ihren Augen herausragenden Arien unter dem Aspekt: »Die schönsten Arien für meine Stimmlage aus J. S. Bachs Kantaten« zusammenstellen. Auch unter brillanten Instrumentalisten – Streicher ebenso wie Bläser – gibt es heute Künstlerinnen und Künstler, die es sich nicht entgehen lassen wollen, eingängige Arienmelodien von Bach auf ihren Instrumenten wortlos nachzugestalten und damit zu einer Bereicherung des Konzertlebens beizutragen. Solche Bearbeitungen von Arien sind zwar ihrem inhaltlichen Kontext entzogen, können aber für die Popularisierung (manchmal allerdings auch Trivialisierung) von Bachs Musik durchaus förderlich sein. In romantischer Manier nennt man solche Transkriptionen dann gern Bachs »Lieder ohne Worte«. Aufnahmeprojekte dieser Art haben immerhin den Vorzug, dass sie unterschiedliche Stilarten von Bachs Kompositionskunst im Arienbereich bündeln und erfahrbar machen. So braucht man über keine Auswahl einer Sängerin oder eines Sängers von heute die Nase zu rümpfen oder zu schnöden. Sie schenken uns Musik von unvergleichlicher Schönheit, meist sogar in der Gestaltung einer außergewöhnlich charakteristischen Stimme, die in unserer Vorstellung auch noch im Himmel so klingen darf, wie wir sie auf Erden erleben!

Hier ordnen wir die Arien nach der menschlichen Stimmlage, mit der Sopranstimme beginnend, über Altus und Tenor fortschreitend bis zu einigen Bass-Arien, um dann noch einen Blick auf sogenannte Dialog-Arien zu werfen, bei denen mehr als eine Stimme zum Einsatz kommt. Entscheidend für Bachs musikalische Einbettungskunst der menschlichen Stimme ist auch die Vielfalt der Instrumente, die er neben dem Generalbass als obligate Begleitinstrumente aussucht. Bei der hier getroffenen Auswahl geht es um einige exemplarische Fälle, in keiner Art und Weise um die Vollständigkeit der bei Bach in Erscheinung tretenden Arientypen, Arioso-Passagen und Rezitativformen.

Unter den Sopranarien gibt es so wundersam virtuose Beispiele, dass man sich kaum vorstellen kann, sie seien nur von Knaben der Thomasschule vorgetragen und für sie allein erdacht worden. Bachs zweite Frau Anna Magdalena war Sängerin, bevor sie die Managerin des personenreichen Musikerhaushalts und seiner großfamiliären »Notenkopieranstalt« in Leipzig wurde. Dass sie in der Leipziger Zeit in den Fürstenhäusern der Umgebung, die ihr Gatte auch als Thomaskantor mit Musik zu Feier- und Gedenktagen weiter belieferte, als Solistin auftrat oder dies auch im Rahmen seiner Konzerte mit dem »Collegium Musicum« in Leipzig tat, ist sehr wahrscheinlich. Nur in den Kirchen war das Erscheinen von Frauen als Sängerinnen damals noch ein Ding der Unmöglichkeit. Es ist durchaus vorstellbar, dass sich Bach bei einigen seiner anspruchsvollen Sopranarien der Kunst von geschulten Frauenkehlen bediente und sich nicht mit den noch so wendigen Bubenstimmen der Thomaskantorei zufriedengab.

Die 1714 in Weimar für den 11. Sonntag nach Trinitatis komponierte Kantate »Mein Herze schwimmt im Blut« (BWV 199), die Bach auch später in leicht wechselnder instrumentaler Begleitung mehrfach wiederaufgeführt hat, ist ein fabelhaftes Beispiel für das, was der Komponist einer Sopranstimme an solistischer Stimmkunst zumutet. Den Text holte er sich aus der Kantatensammlung von Georg Christian Lehms. Der Darmstädter Hofdichter und Bibliothekar erzählt nicht in biblisch-prosaischer, sondern mit barock empfundenem Gefühlsvokabular die Geschichte aus dem »Lukas-Evangelium«

(18,9–14) vom Zöllner, der sich im Gegensatz zum selbstgerechten Pharisäer vom sündigen Menschen zum reumütigen Christen wandelt. Vier Rezitative und vier Arien sehr unterschiedlicher Natur bilden diese Soprankantate. Dem sprachlich barocken Expressionismus des Dichters (mit Wortbildungen wie: »Mein Herze schwimmt im Blut«; »mein ausgedorrtes Herz«; »Stumme Seufzer, stille Klagen, / Ihr mögt meine Schmerzen sagen«; »Mein Herz ist itzt ein Tränenbrunn«) setzt Bach einen musikalischen Expressionismus zur Seite, der uns von Arie zu Arie aufhorchen lässt.

In der ersten Arie wählt er als obligates Instrument zur Sopranstimme eine Oboe, die in ihrer Bewegungsart und in ihren melodischen Intervallen den Eindruck von innerer Zerrissenheit und Aufwühlung eines Schuldbewusstseins mit geradezu fantastischen Spiegelungen zwischen Stimme und Instrument akkurat nachgestaltet. Vor der Wiederholung des ersten Arienteils, wo es um den »Tränenbrunn« geht, greift Bach sogar zurück zur Rezitativform – ein seltener Vorgang in der Konzeption seiner Arien –, als wolle er andeuten, wie echte Schuldeinsicht die Seele aufzuwühlen vermag. Das »Seufzer-Motiv« dieser Arie ist in Stimme und Instrument derart kunstvoll ineinander verflochten, dass es einleuchtet, weshalb Bach in späteren Jahren auf diese kompositorische Glanzleistung aus seiner frühen Schaffensperiode mehrfach wieder zurückgegriffen hat.

Die zweite Arie, in der es um das Bekenntnis von Reue und Schuld geht und die in die Bitte mündet: »Habe doch Geduld mit mir!«, strahlt hingegen etwas wie gläubige Gelassenheit aus. Hier ist es die gesamte Streichergruppe, die die Demutshaltung der von Reue geprägten Stimme sekundiert und unterfüttert. Gottes Geduld mit einem Sünder darf der Reue zeigende Mensch erwarten, scheint diese geradezu die Seele beruhigende Musik uns vermitteln zu wollen. Als Choral wiederum ist die 3. Sopranarie der Kantate gestaltet, allerdings mit einer instrumentalen Beigabe von allerhöchstem Reiz.

Der Text ist von tiefer »Wunden-Mystik« der Barockzeit geprägt. Danach darf der von Reue geprägte Christ alle ihn peinigenden Sünden in die Wunden des leidenden Erlösers werfen. Bach »garniert« den Choral mit virtuosen Klanggirlanden einer konzertierenden Bratsche – später hat er dafür auch eine Viola da Gamba oder ein Violoncello piccolo verwendet, die dem Klang noch eine erweiterte Tiefendimension verleihen. Für Lehms sind die Wunden Christi ein »Felsenstein« und eine »Ruhstatt«, in der der sündige Mensch wieder zu seiner Freude und seiner Seligkeit findet. Diese drückt Bach in einer tänzerischen Gigue im Zwölfachteltakt aus, die musikalisch als pure Herzensfreude und Schönheit daherkommt, der sich der liebe Gott gewiss nicht verschließen wird. In dieser gut 20 Minuten dauernden Kantate durchwandern wir Gefühlslandschaften und Seelenzustände von geradezu unmessbarer Weite und Tiefe, die einem Opera-seria-Akt aus der Barockzeit in nichts nachstehen.

Wenden wir uns einigen Altus-Arien zu. »Vergnügte Ruh, beliebte Seelenlust« (BWV 170) hat Johann Sebastian Bach als Solokantate 1726 komponiert, wiederum nach einem affektgefüllten Text von Georg Christian Lehms. Heute wird diese Kantate, bestehend aus drei Arien und zwei Rezitativen – ohne Chor und ohne Choralabschluss – ebenso gern von Mezzosopranistinnen und Altistinnen sowie von männlichen Altisten und Contratenören gesungen. Es ist eine Sache des individuellen Geschmacks, welcher Variante man den Vorzug geben mag.

In der Eingangsarie meint der Dichter, vergnügte Ruhe und wahre Seelenlust gebe es nicht im Bannkreis von Hölle und Sünden, man finde diese nur in Eintracht mit dem Himmel. In unseren Herzen sollten deshalb nur die Gaben der Tugenden Einzug halten und Wohnung finden dürfen. Als ob der Himmel für eine tugendhafte Seele als ein nicht endendes Tanzvergnügen gedacht werden solle, macht Bach aus dieser Glücksvorstellung die schwungvollste und verführerischste

Zwölfachtelmusik, die man sich denken kann. Violinen im Bund mit der Oboe d'amore auf der Grundlage einer Sicherheit und Behagen verströmenden Basslinie lullen uns geradezu ein mit ihrem nicht abbrechen wollenden Reigen. Ja, so stellt man sich gern ungefährdete Zufriedenheit in einer Himmelssphäre vor.

Als eine »der Barockoper nahestehende Kantaten-Arie« bezeichnen manche Experten die Alt-Arie aus der »Pfingstkantate« »Wer mich liebet, der wird mein Wort halten« (BWV 74) aus dem Jahr 1725. Hier war die Dichterin Christiane Marianne von Ziegler die Textlieferantin. Teile ihres Textes könnten gut einer weltlichen Liebeserklärung entstammen: »Komm, komm, mein Herze steht dir offen, / Ach, lass es deine Wohnung sein.« Oder aber: »Die Wohnung ist bereit. / Du findst ein Herz, das dir allein ergeben, / Drum lass mich nicht erleben, / Dass du gedenkst, von mir zu gehn.« Beim Text der Alt-Arie wandelt die Poetin eindeutig auf theologischem Feld: »Nichts kann mich erretten / Von höllischen Ketten / Als, Jesus, dein Blut. // Dein Leiden, dein Sterben / Macht mich ja zum Erben: / Ich lache der Wut.« Die Erlösungstat Christi lässt die »höllischen Ketten« und die Wut aller Höllenbewohner auf Himmelsanwärter als ganz und gar lächerlich erscheinen. Bach lässt aus dieser Vorgabe am Pfingsttag ein regelrechtes musikalisches Schauspiel entstehen, in dem die Holzbläser und die Streicher, von einer Solovioline virtuos angestachelt, mit der Altstimme in einen tänzerischen Wettkampf um das aussichtslose Rasseln der Höllenketten treten. Es ist dies ein musikalisches Spektakel sondergleichen für die Frommen in den Kirchenbänken, die so affektreich wie effektvoll vorgeführt bekommen, dass nach der Ankunft des Heiligen Geistes der Teufel keine Chancen mehr hat, auch noch so schwache, aber liebende Christen für seine Hölle zu gewinnen. Diese hinreißend dramatische Musik durften die Leipziger erleben, obwohl doch im Pflichtenheft des Kantors geschrieben stand, es gehöre zu seinen Aufgaben, dafür zu sorgen, dass in der

Kirche bei den Anwesenden nie der Eindruck entstehen dürfe, sie weilten in einer Oper! Bach schrieb aber stets jene Musik, die er als passend zu den Vorstellungen von Drama und Kampf um Leib und Seele empfand, die in ihm die Texte der Bibel oder die Worte der geistlichen Dichterinnen und Dichter seiner Umgebung erweckten.

Eine Alt-Arie, die nicht Dramatik, Wut, Aufbegehren, siegessicheres Lachen vorführt, dagegen jedoch eine Art therapeutischen Umgang mit den eigenen negativen Gefühlen liefert, ist »Wie furchtsam wankten meine Schritte« aus der Kantate »Allein zu dir, Herr Jesus Christ« (BWV 33) zum 13. Sonntag nach Trinitatis des Jahres 1724. Wer den Arientext gedichtet hat, ist unbekannt. Das Bewusstsein der eigenen »Sündenlasten« bringt den sicheren Gang eines Menschen ins Wanken. Die einzige Gewissheit, die dem sich als fehlerhaft und unzureichend empfindenden Bewusstsein bleibt, ist für den Gottesfürchtigen, dass der Erlöser die verzweifelte Bitte eines irrenden und schwankenden Menschen hört und diese bei seinem Vater im Jenseits »anzeigt«. Den sich zu ihm wendenden Sünder lässt Jesus ein »Trostwort« wissen: Er habe durch seinen Opfertod auch für ihn »genung getan«. Um die Depression und dunkle Stimmung dieses Sünders musikalisch zu erfassen, wählt Bach eine eigenartige Instrumentation der gedämpften Hoffnungen: Die Continuo-Bässe und die tieferen Streicher lässt er »pizzicato – nicht mit Bogen, sondern nur gezupft« spielen, den melodieführenden ersten Geigen verschreibt er »con sordino – mit Dämpfer«, sodass ein Klang entsteht, der das vollkommen Konträre von dankbarem Gottvertrauen oder gar Jubel ausdrückt. Wenn jemand von sich aus nicht mehr weiterweiß in seiner seelischen Befindlichkeit, wird es in ihm etwa so klingen wie die Begleitinstrumente, die Bach für diese Trauerarie der Altstimme aussucht. Der klangliche Zauberkünstler weiß noch für unsere »dunklen Löcher« der Seele und für die das Bewusstsein betrübende Trauer über die eigene Hilflosigkeit die richtigen Töne zu finden.

Tenorstimmen sind uns vor allem vertraut als die Erzählerstimmen in Bachs Passionen. Doch längst nicht nur! Der Komponist hat viele seiner Arien den ihm verfügbaren Solotenören anvertraut. In den großen Passionen sind es oft die dramatisch-hochfahrenden Arien, die er in die Tenorstimme verlegt. In der »Johannes-Passion« (BWV 245) kann die Arie »Ach mein Sinn, / wo willst du endlich hin« als Beispiel dafür dienen, in der »Matthäus-Passion« (BWV 244) die Arie »Geduld! Wenn mich falsche Zungen stechen«. Als eigentliche Tenorkantate für Solostimme ist von ihm nur eine überliefert: die kurze, 1726 für den 22. Sonntag nach Trinitatis geschriebene »Ich armer Mensch, ich Sündenknecht« (BWV 55), bestehend aus zwei Arien und zwei Rezitativen mit einem abschließenden Choral, in dem Bach den Text einer Strophe des Kirchenlieds »Werde munter, mein Gemüte« von Johann Rist aus dem Jahr 1642 verwendet. Die Dichtung der beiden Arien und der Rezitative stammt von einer nicht identifizierten Person. Die stimmtechnischen Anforderungen für alle vier Einsätze des Solisten – wie übrigens auch für die Leistungen der obligaten Blas- und Streichinstrumente – sind sehr hoch. Es ist, als ob Bach hier seine ganze Kunst mobilisiert habe, um den Menschen als »Sündenknecht« zu charakterisieren, für den es keine Flucht aus der Welt vor Gottes Gericht gibt, sondern nur »Furcht und Zittern«. Der um Erbarmen bittende Mensch darf sich in seiner Seelenqual zugleich einem Gott bittend in sanften ruhigen Tönen anvertrauen.

Das Wort »Erbarmen« hat in Bachs Kantaten und Passionen die ergreifendsten musikalischen Ausformungen erfahren, die man sich von musikalischer Kunst erträumen darf. Bereits das lateinische Wort »miserere« ist in der Musikgeschichte von inspirierender Gestaltungsvielfalt. Mitleid, Empathie, Sühne, Trost und die Kraft zum Verzeihen gehören im seelischen Gefühlsrepertoire des Menschen zu den höchsten moralischen Leistungen, zu denen die Menschennatur fähig ist. So wundert es nicht, dass gerade die Musik mit ihrem besonderen Zugang zum Gefühlsrepertoire bei der Ausmodellierung des zwischenmenschlichen »Erbarmens«, vor allem aber des Erbarmens Gottes mit seinen zu Sünde und Verstoß gegen seine Gebote neigenden Geschöpfen einen der fruchtbarsten Gestaltungsbereiche vorgefunden hat. Die zwei Arien und Rezitative der Tenorkantate gehören zu jenen, die bis zum heutigen Tag in der Kunst der Versinnlichung moralischer Haltungen und Entwicklungen durch Musik nicht ihresgleichen haben.

Bach arbeitet gleichzeitig konstruktiv wie kontrastiv. (»Er ist gerecht, ich ungerecht.«) Reue und Zerknirschung rücken manchmal in Ganzton-, dann nur in Halbtonschritten vor. Ein Sündenknecht hört sich an wie ein von schmerzlichen Tonsprüngen zermartertes Wesen, das viel Anlass und Grund zu ächzen und zu seufzen hat, bis es in die Sphäre des Erbarmens und Verzeihens gelangt und Gott es wieder »zu Gnaden annimmt«. Wen gibt es denn in der Barockzeit, der bei der Vorführung derartiger Seelendramen dem Universalgenie in Leipzig auch nur das Wasser reichen könnte?

Auch bei der Exemplifizierung von Bachs Kunst in der Behandlung der Bassstimme halten wir uns an eine einzige seiner Kirchenkantaten, obwohl die Bassstimme in den Passionen ja einerseits die Christusstimme ist, auf der anderen Seite auch jene, die er einsetzt, wenn Versöhnung, Ruhe und Frieden angesagt sind. Letztere Seelenzustände treten gerade auch in der Kantate »Ich habe genung« (BWV 82) zum Vorschein, die Bach zum 2. Februar 1727 für das Fest Mariae Reinigung komponierte. Das Fest erinnert nach jüdischem und später auch christlichem Brauch daran, dass eine Frau, die ein Kind geboren hat, nach einer gewissen Zeit ihr Kind in den Tempel bringt, um es Gott zu weihen und »darzustellen«. Im Zentrum des Geschehens steht allerdings nicht so sehr Maria, sondern der greise Simeon, ein gottesfürchtiger Mensch, den der Geist Gottes hatte wissen lassen, er werde nicht sterben, bevor er den wahren Messias gesehen und in Händen gehalten habe. Darauf soll Simeon dem »Lukas-Evangelium« gemäß (2,22–32) die Worte gesprochen haben: »Nun lässt du, Herr, deinen Knecht, wie du gesagt hast, in Frieden scheiden. Denn meine Augen haben das Heil gesehen, das du vor allen Völkern bereitet hast, ein Licht, das die Heiden erleuchtet, und Herrlichkeit für dein Volk Israel.« Die Szene des greisen Simeon mit dem Jesuskind auf dem Arm ist im Verlauf der Jahrhunderte auf Tausenden von Ikonen abgebildet worden und gehört zu den bekanntesten Sinnbildern für die Ablösung der Generationen im Neuen Testament.

Wer für diese Kantatenkomposition den Text verfasst hat, ist auch in diesem Fall nicht bekannt. Offenbar war Bach damit aber zufrieden, denn kaum eine andere Kantate hat er im Verlauf seines Lebens öfters wieder hervorgezogen und aufgeführt; er hat sie sogar mehrfach auch für andere Stimmlagen überarbeitet. Dabei hat er sie in wechselnden Tonarten für Sopran- und Altstimme angepasst und hat die Oboe und die tiefere Oboe da caccia des Originals mit einer Querflöte vertauscht. Heute wird die Kantate gern auch von Tenören interpretiert. In Bachs späten Jahren (1745 und 1748) ist er offenbar aber zur Version mit der Bassstimme von 1727 zurückgekehrt. Bekannt ist auch, dass Gattin Anna Magdalena aus den fünf Teilen der Kantate zwei Stücke in ihr Klavierbüchlein kopiert hat, was gewiss etwas über die Einschätzung des Werkes in der Familie des Meisters aussagt.

In der Eingangsarie spricht Simeon selbst zu uns: Nun, da er den Heiland erblickt, in Armen gehalten und ans Herz gedrückt habe, wolle er mit Freuden aus der Welt scheiden. »Ich habe genung!« Im folgenden Rezitativ ist es der gläubige Christ, der es Simeon gleichtun und mit ihm aus der Welt scheiden möchte. Der Herr möge ihn darum »erretten von seines Leibes Ketten«. Denn auch er habe genug vom Leben! Darauf folgt die berühmte »Schlummerarie«, eine Meditationsmusik über Tod und Sterblichkeit des Menschen, die uns nicht mehr schreckt und beunruhigt, sondern nur noch tröstet und besänftigt. »Welt, ich bleibe nicht mehr hier!« Denn auf Erden muss der Mensch »das Elend bauen«. Nach dem Tod aber: »Dort werd ich schauen / Süßen Frieden, stille Ruh.« Schlussrezitativ und Schlussarie sind geprägt von barocker Jenseitslust: »Der Abschied ist gemacht, / Welt gute Nacht!« Bach ist keck genug, um diese »Weltabschieds-Kantate« mit einer impulsiven tänzerischen Musik zu beschließen, die dann doch einigen Theologen unter den Bach-Experten als der Schönheit der vorausgegangenen Arien nicht ganz ebenbürtig erschienen ist. Die meisten der großen Basssänger jedoch scheinen diese Jenseitsfreude stimmlich voll auszukosten und liefern uns den Beweis, dass Jenseitsfreude von irdischer Daseinsfreude nicht gänzlich verschieden sein kann und sollte.

Schließlich ist zu sagen, dass Bachs Kunst der Gestaltung von Duett- und Ensemblegesang in keiner Art und Weise weniger meisterhaft und überragend ist als jene seiner Soloarien. Freilich war die Situation in der Kirche, wo Musik zwischen Liturgie und Predigt eingebettet lag, nicht eine, in der sich Laster und negative Leidenschaften wie Hass, Eifersucht, Neid und ruchloses Machtstreben in gleicher Weise musikalisch ausgestalten ließen wie auf einer Opernbühne, wo Liebesszenen ebenso unerlässlich sind wie Aufruhr, Wut und inszenierte Bosheit, Eifersucht und blanke Niedertracht. Aber, wie wir es am deutlichsten wohl in den Ensemble- und Chorpartien der Passionen und Oratorien erleben: Bach verstand es in einmaliger Weise, die Heilsgeschichte mit Spannung und Dramatik ebenso zu versehen wie mit dem Gefühl ergriffenen Staunens und unendlicher Bewunderung. Was aber die Musik sowohl irdischer wie himmlischer Liebeserfahrungen betrifft, kam ihm die biblische Mystik des Hohenliedes ebenso wie die Sprache der pietistischen Mystik der Lutheraner in geradezu inspirierender Weise entgegen. Wie ein Bräutigam sich nach der Liebe einer Braut sehnt, war für Bach eine so irdische wie spirituelle Realität. Darum ist es eine Selbstverständlichkeit, dass wir in seiner Musik für die Kirche und für die Welt Liebesgesänge in beachtlicher Zahl vorfinden.

Und zum Schluss noch ein Blick auf die Dialogkantate »Ich geh und suche nach Verlangen« (BWV 49). Unter seinen Dialogkantaten ist es wohl diejenige, die einem in der Opernwelt beheimateten Liebesduett am allernächsten kommt. Sie entstand 1726 zum 20. Sonntag nach Trinitatis, und Bach vertonte den Text eines heute nicht mehr bekannten Dichters, der sich explizit der Hochzeitsmetaphorik aus dem Hohenlied des Alten Testaments bediente. Als Eingang hören wir einen Instrumentalsatz, vermutlich ursprünglich als Schluss eines Konzertes aus Bachs Zeit in Köthen konzipiert, hier mit der Orgel als virtuos obligates Instrument angereichert, begleitet von einem Streicherensemble und einer Oboe d'amore. Was für ein freudiges Aufspielen aus Anlass einer Hochzeit! Die folgende Bass-Arie ist die wunderbare Suche eines Verliebten nach der noch nicht aufgetauchten Braut: »Ich geh und suche mit Verlangen / Dich, meine Taube, schönste Braut.« Die Hochzeitstafel sei zubereitet, heißt es im Rezitativ: »Nur meine Braut ist noch nicht gegenwärtig.« Doch dann vernimmt diese die Stimme ihres Bräutigams. »Komm, Schönster, komm und lass dich küssen«, singen sie nun im Duett, sie wollen Hochzeitskleider anlegen und »ein fettes Mahl genießen«. Es folgt die freudesprühende Arie einer glücklichen Braut, die in ihrem Glück über sich sagen kann: »Ich bin herrlich, ich bin schön, / meinen Heiland zu entzünden.« Da werden manche Kirchgänger sich erinnert haben an jenes Wort, das sie aus der Opernsprache der Zeit kannten: das gegenseitige »infiammarsi« eines in Liebe zueinander verfallenen Paares, das füreinander nur Feuer und Flamme sein kann. Violoncello piccolo und Oboe d'amore als obligate Instrumente zum Basso continuo umspielen die liebende Seele mit so zartem Zauber, dass jeder, der dies hört, Bach für einen Großmeister in der Charakterisierungskunst von Liebesbeziehungen halten muss. »Hier komm ich, lass mich ein!«, singt die Seele im letzten Rezitativ: Sie will in den Himmelssaal zum »Erlösungsmahl«. Zum Abschluss dieses Liebesfestes singt die Sopranstimme in langen Noten die Choralmelodie des Liedes »Wie schön leuchtet der Morgenstern«, während die Jesusstimme sie geradezu mit den Worten umtänzelt: »Ich komme bald, / Ich stehe vor der Tür, / Mach auf, mein Aufenthalt!« Bei dieser Szene kann man sich Bach durchaus als Komponist raffinierter weltlicher Liebesduette vorstellen. Und man kann sich ausmalen, wie er, vom Unterricht der Thomaner in seine Wohnung kommend, seiner geliebten Anna Magdalena ins Ohr trällert: »Du bist mein liebster Aufenthalt!«

Der Reiz unzähliger Bach-Arien liegt gerade in den kontrapunktisch meist hoch raffinierten Dialogen zwischen Solostimme und Soloinstrument. Hier wäre es durchaus vorstellbar, so etwas wie einen szenischen Wettkampf zwischen virtuosen Gesangkünstlern und akrobatisch veranlagten Instrumentalisten zu organisieren. Auch was seine so genial unterschiedlich behandelte Chorkunst betrifft, könnte man sich eine Szenerie denken, in der atemberaubend gut geschulte Chöre gegen- und miteinander zum Entzücken des Publikums zu einem Chor-Wettkampf antreten. Das Bach Collegium Japan hat unter Masaaki Suzuki in seinem Projekt der Gesamtaufnahme der Kantaten von Bach 2010 eine Zusammenstellung von Bach'schen Chorkompositionen veröffentlicht, die man sich genauso gut in jedem akustisch vorteilhaften Konzertsaal der Welt wie in einer Kirche vorstellen kann: eine Auswahl von Chorszenen vom Advent bis zum Totensonntag durch das gesamte Kirchenjahr. Wer würde nicht jubeln, in allen schön klingenden Konzerthäusern der Welt zwischen Japans »Shoin Chapel« in Kobe und der »Carnegie Hall« in New York ein solches Programm hören zu können? Bachs Kantaten, Passionen und Messen gehören überall hin, in Kirchen wie in die Konzerthäuser der Welt, ja sogar auf Theater- und auf Opernbühnen. Denn Religion ist gewiss nach wie vor ein verbreitetes Menschenbedürfnis. Kunst und Schönheit sind dies aber ebenso. Für die Menschen von heute sind Letztere nicht weniger dringlich.

BWV 199
Kantate | »Mein Herze schwimmt im Blut«
John Eliot Gardiner

BWV 170
Kantate | »Vergnügte Ruh, beliebte Seelenlust«
Rudolf Lutz

BWV 55
Kantate | »Ich armer Mensch, ich Sündenknecht«
Jos van Veldhoven, Netherlands Bach Society

BWV 82
Kantate | »Ich habe genung«
Christian Gerhaher

BWV 49
Kantate | »Ich geh und suche mit Verlangen«
Rudolf Lutz

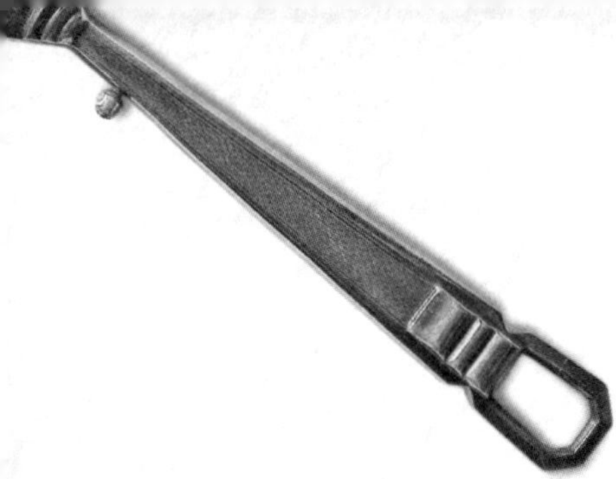
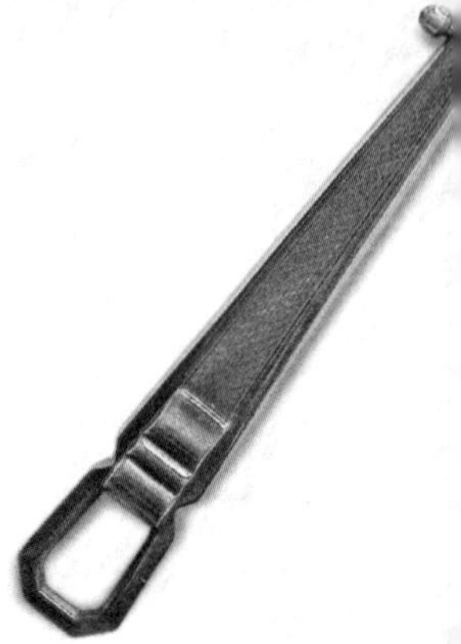

Meister Bach und die Bühnen der Zukunft

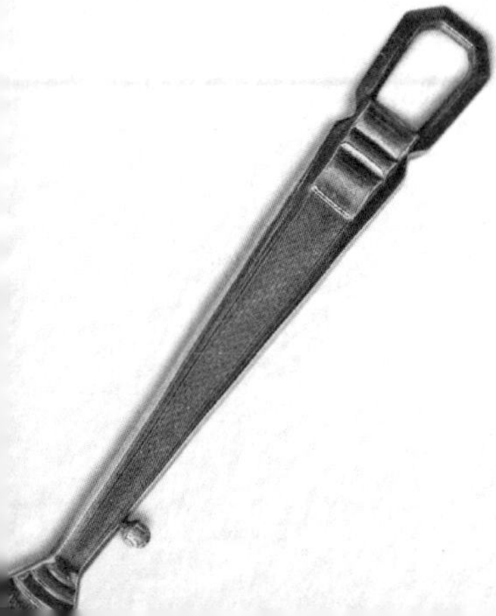
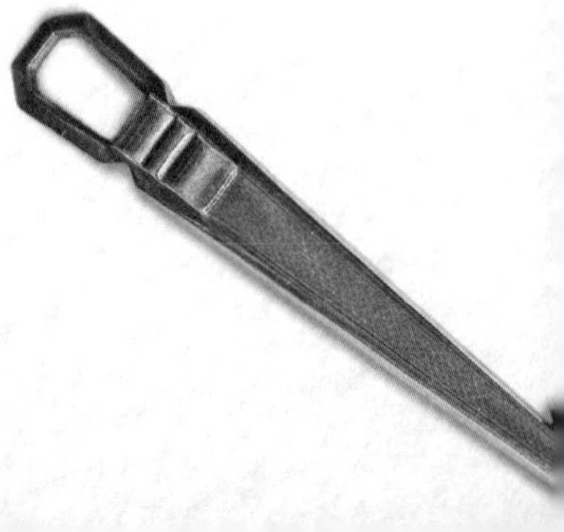

Ein Libretto für eine Oper, die zu vertonen der Komponist Johann Sebastian Bach die Intention hatte, gab es nicht und wird es nach gegenwärtigem Forschungsstand wohl auch nie geben. Doch darüber nachdenken, wie man Bachs Musik auf alle Arten von Bühnen dieser Welt menschenbeglückend zur Aufführung bringen könnte, sollten Musiker, Poeten, Intendanten, Dirigenten, Regisseure, Dramaturgen, Sängerinnen und Sänger, sogar unternehmerische Agenten und Impresarios. Was es heute am meisten dazu braucht, ist künstlerische Fantasie für neue, zeitgemäße Kontextualisierungen von Musik dieses Komponisten.

Für einen lutherisch geprägten Pietisten der Barockzeit waren die Kirchen die allerwichtigsten »Bühnen«, auf denen das Los des Menschen als Sünder, Bereuender, Erlöster, Sterbender und der Ewigkeit entgegen Hoffender dargestellt und mit allen dazu geeigneten Mitteln der Sprach- und der Tonkunst gestaltet werden sollte. Dazu gehörten zentral die Grundtexte christlicher Heilsgeschichte, aber auch jene der schreibenden Wortkünstler, denen die Gabe verliehen war, für alle Zustände der Seele und für alle Gemütsempfindungen und Signale des Körpers die so treffenden wie bewegenden Worte zu finden. Den Musikern war es dann vorbehalten, diese hoch entwickelte Sprachrhetorik der Barockzeit über das Heilsgeschehen Gottes am Menschen in ein beglückendes Universum der Töne zu verwandeln.

Dieses Lebens- und Kunstkonzept war nicht allein der Barockzeit angemessen, es passt auch nach wie vor zu einer Weltanschauung und zu einem Menschenbild, die sich beide noch nicht von der Vorstellung verabschiedet haben, der Mensch sei wesentlich auch ein »homo religiosus«. Letzterer sieht sich mit Realitäten und Erfahrungen konfrontiert, für die er weder selbst der Verursacher noch der Sinnstifter ist und sein kann. Auch die europäische Aufklärung hat Gedanken zur Finalität und Zielgerichtetheit des Lebens und der Schöpfung nicht vollkommen ad acta gelegt oder gar ad absurdum geführt. Zumindest das im Menschen tief verankerte »Prinzip Hoffnung« widerspricht der platten Annahme, es sei mit dem individuellen Tod alles aus und vorbei.

Auch in säkularisierten Zeiten erinnern gerade zeitgenössische Philosophen (in jüngster Zeit etwa Jürgen Habermas und Peter Sloterdijk) daran, dass die religiösen Restbestände und Sedimente, die der menschlichen Natur innewohnen, noch nicht gänzlich obsolet geworden sind. Denn »ausgedient« hat Religion offenbar noch lange nicht. Religiöse Erwartungen haben sich sicher gewandelt, sind aus dem Zentrum des gesellschaftlichen Daseins in Privat- und Randzonen unserer Existenz gedrängt worden. Vielleicht hat in einer Bach-Kantate inzwischen die ästhetische Beglückung der Zuhörenden die religiöse Dringlichkeit der vertonten Heilsbotschaft sogar überformt. Dass diese sich ganz und gar in ein Nichts aufgelöst habe und das Kunstwerk nicht nach wie vor mittrage und mitforme, wird auch ein für religiöse Konnotationen beinah taub gewordenes Ohr nicht gänzlich überhören können und wollen.

Klar aber ist, dass auch für Bachs geistliche Musik die Kirche längst nicht mehr die einzige taugliche Bühne ist. Nichts steht festgeschrieben, was in Zukunft auf den Bühnen dieser Welt noch mit Bachs Musik geschehen soll. Dass er selbst keine Werke für Hofopern oder städtisch-bürgerliche Opernhäuser geschrieben hat, müssen wir als historisches Faktum hinnehmen. Vielleicht war es darum für seinen jüngsten Sohn Johann Christian so reizvoll, sich in einem Genre zu versuchen, das der Vater unbesetzt zurückgelassen hatte. Nach dem Tod seines Vaters ging der 15-Jährige nach Berlin zu seinem Halbbruder Carl Philipp Emanuel, um sich dann weiter in Italien (Mailand und Bologna) auszubilden, bevor er sich in London als »der neue und moderne Bach« etablieren sollte, der auch im Bereich der Oper von sich reden macht und es zu etwas bringt.

Johann Christian ist der Einzige der Bach-Söhne, von dem Opern überliefert sind. Insgesamt beinah ein ganzes Dutzend hat er für die Opernhäuser von Turin, Neapel, London, Paris und Mannheim komponiert. Über Jahrzehnte war er eine europäisch anerkannte musikalische Größe, während die Großtaten seines Vaters in Leipzig immer mehr der Vergessenheit anheimfielen. Das Glück blieb ihm, der auch ein exzellenter Cembalist war und sehr erfolgreich Kammermusik, Sinfonien und Concerti schrieb, als Opernkomponist allerdings nicht lange hold. Opernhistoriker bestätigen, dass seine Bühnenkompositionen entwicklungsgeschichtlich in der Vorklassik eine wichtige Rolle spielen. Dies trifft vor allem für die Ausformung von Akt-Finales zu, insbesondere jene der Buffo-Tradition, wie wir sie in der Wiener Klassik, am schönsten dann wohl in den Da-Ponte-Opern von Mozart kennen und lieben. So ein Akt-Finale mit einem Stimmenquartett findet sich zum Beispiel in seiner erfolgreichen und in unserer Zeit sogar wiederentdeckten Oper »Zanaida«, die im Mai 1763 Premiere am Londoner »Kings Theatre« hatte. Sicher ist, dass seine Kompositionen auch Teil von Pasticcio-Opern (zusammengewürfelt aus Kompositionen von verschiedenen Musikern) waren. Seine letzten Jahre verbrachte Johann Christian mit seiner Ehefrau, der italienischen Sängerin Cecilia Grassi, als ein ebenso wie sein Vater aus der Mode geratener Musiker in Londons Vorort Paddington. Es fehlten ihm nun die Aufträge von Theatern, die nach neuen Werken verlangten, aber ebenso fehlten die Konzertsäle und die Schüler, denen er sein Wissen und seine Erfahrungen weitergeben konnte. Vor allem fehlte ihm aber das Geld für ein Leben, wie er es über Jahrzehnte gewohnt gewesen war.

Wie entscheidend der Zeitgeschmack für Erfolg oder Misserfolg einer Komposition auf den Opernbühnen von damals war, zeigt der Fall von Johann Christians Oper »Amadis des Gaules«, zu deren Erstaufführung an der »Académie Royale de Musique« der Komponist 1779 nach Paris eingeladen wurde. »Amadis« – ursprünglich nach einem Libretto von Philippe Quinault – war eine Oper von Jean-Baptiste Lully, die im Theater des Palais Royal 1684 ihre Erstaufführung als »Tragédie en musique« erlebte. Lully griff hier nicht mehr einen mythologisch-antiken Stoff auf, sondern die in den Artus-Sagen auftauchende Geschichte des Ritters Amadis, eines Helden britannisch-bretonischer Herkunft des 14. Jahrhunderts, über dessen Bravourtaten sich später Miguel de Cervantes lustig machen sollte. Zu Johann Christian Bachs Zeiten glaubte man offenbar, Geschichten aus der Renaissancezeit, die etwas altbacken an stilistische Bühnenkonventionen des 17. Jahrhunderts erinnerten, müssten nunmehr vom Gravitätischen der Zeiten Ludwig XIV. befreit und dem Gusto der Rokokozeit angepasst werden. Dabei geriet Johann Christian völlig ungewollt mit seinem Verjüngungsversuch eines einstmals beliebten Stoffes der Opera-seria-Tradition in den gerade herrschenden Meinungsstreit um den zu bevorzugenden Opernstil, der als »Picinisten-Streit« in die Geschichte eingegangen ist.

Paris stand bereits seit 1733 im Bann von Auseinandersetzungen, welche Richtung für die Opernbühne die zu bevorzugende sei. Es begann mit der »Querelle des Lullystes et des Ramistes«, als die konservativen Anhänger Lullys sich gegen die Neuerungen im Opernleben stellten, die Jean-Philippe Rameau aufgrund der in Italien herrschenden Moden auch den Franzosen zumutete. Zwischen 1752 und 1754 tobte in Paris der »Bouffonisten-Streit«, an dem sich die Enzyklopädisten – mit Denis Diderot und Jean-Jacques Rousseau an der Spitze – heftig mitbeteiligten. Dabei ging es um die Legitimität der »komischen Oper« gegenüber der »Tragédie lyrique«, die sich als Hort der großen französischen Hofoperntradition verstand und den erfolgreich sich etablierenden »Pöbelkomödien mit Musik« der Spaßmacher aus Italien den Kampf ansagte. Der dritte in die Geschichte eingegangene Richtungsstreit um Opernkunst in Paris war jener zwischen den Anhängern von Christoph Willibald Gluck – dem ab etwa 1760 neu aufgegangenen Stern am europäischen Opernhimmel – und dem aus Neapel an den Pariser Hof bestellten Niccolò Piccini (oft auch Piccinni geschrieben), der die neuesten Moden aus dem Opernland Italien für Paris bereithalten und realisieren sollte. Dieser Streit war in vollstem Gang, als Johann Christian Bach 1779 in die Stadt kam, wo es in jenem Jahr auch ein Zusammentreffen zwischen ihm und Wolfgang Amadeus Mozart gab, der – wie wir aus seinen Briefen wissen – den älteren Kollegen als Musiker überaus schätzte. In der Seine-Stadt suchte der Bach-Sohn nun sein Glück mit seiner jüngsten Oper. Nach drei mäßig geglückten Vorstelllungen an der französischen Musikakademie überarbeitete Johann Christian zwar das Werk, was aber nicht viel half, denn nach sieben weiteren Aufführungen verschwand der »Adamis aus Gallien« (vermutlich war damit das keltische Wales gemeint) des Bach-Sohnes von der Bild- und Hörfläche bis zum Jahr 1983, als Helmuth Rilling das Werk aus dem breiten Fluss vergessener Opern herausfischte und es für Aufführungen in Hamburg, Stuttgart und Frankfurt sowie für eine Einspielung wieder ins Gedächtnis der Opernliebhaber zurückholte.

Heute gibt es erfrischend neue Einspielungen dieses Werkes, und man versteht kaum, warum die Franzosen die leichte Munterkeit und kühne Unbeschwertheit dieser Musik nicht ins Herz geschlossen haben. Es muss wirklich an der abstrusen Geschichte aus dem Spätmittelalter gelegen haben, in der imaginierte Helden, Hexen, Drachen, verzauberte Krieger und der Erlösung entgegenharrende Gefangene vor allem die Maschinerien der Barockbühnen in Anspruch nahmen. Man kann mit dem besten Willen nicht sagen, dass Johann Christian Bach mit seiner letzten Oper Glück hatte und große Anerkennung fand. Wer sich heute dieses Werk anhört, gelangt rasch zur Überzeugung, dass diese Art von Bühnenspektakel sich weit von allen Vorstellungen entfernt hatte, die wir mit musikästhetischen Gesetzlichkeiten, Prioritäten und Praktiken seines verehrten Herrn Vaters in Verbindung bringen. Ein Leitfaden dafür, wie überarbeitete Werke Johann Sebastian Bachs heute Eingang in die Opernhäuser unserer Zeit finden könnten, liefern die Opern seines begabten Sohnes Johann Christian jedenfalls nicht, so sehr man begreift, dass Mozart die Werke gerade dieses Bach-Sohnes schätzte und bewunderte. Johann Christian Bachs Opern sind zwar eine vorsichtig sich vortastende neue Opernkunst »ante portas«, leider angewendet hauptsächlich an Opera-seria-Libretti, deren Aktualität und Attraktivität definitiv vorbei waren. Johann Christian hatte zu seinem Schaden keinen Lorenzo Da Ponte zur Seite, der ihn beflügelte und von althergebrachten Opernkonventionen im ernsten Metastasio-Stil befreite.

Nicht wirklich weiter führt aber auch der Versuch, die von Johann Sebastian Bach vertonten religiös orientierten Texte zu »verweltlichen« und deren kirchliche Einbettung durch Neutextierungen zu »neutralisieren«. Was ist gewonnen, wenn man silbengleich in einem barocken Text die Zeile »So folgt ein Herz auch Jesu nach« mit der Variante »So folgt mein Herz auch dir nun nach« ersetzt? Wird so aus einem religiösen Text von damals ein weltlicher von heute? Daran darf man zweifeln!

Ein spannendes Beispiel für das Changieren zwischen weltlicher und geistlicher Verwendung liefert seine Kantate »Schwingt freudig euch empor« (BWV 36). Diese musikalisch außerordentlich schöne und die Ohren bezirzende Komposition ist in fünffacher Form überliefert. Zuerst 1725 als weltliche Kantate, mit der die Leipziger Studenten einem ungenannten akademischen Lehrer ihre Ehre erweisen wollten. Einige Monate später textete jemand aus Bachs Umfeld die Kantate um, damit sie für eine Feier zu Ehren der zweiten Gemahlin seines früheren Arbeitgebers Fürst Leopold von Anhalt-Köthen verwendbar wurde. Dann baute Bach diese weltliche Musik mit einem angepassten Text zu einer Kirchenkantate für den ersten Adventssonntag um, die wohl Ende November 1731 in der überlieferten und in erweiterter achtsätziger Gestalt ihre Erstaufführung hatte. Offenbar verwendete er aber eine wiederum angepasste Version bereits im April 1731 für eine Feier zu Ehren des Rektors der Thomas-Schule Johann Matthias Gesner. Und die mit neuen Rezitativen und passendem Schlusschor umgeformte Version benutzte er wiederum 1735, diesmal zu Ehren des Universitätsrektors Johann Florens Rivinus – ein akademisch anerkannter Jurist, der bei der Taufe von Bachs jüngstem Sohn Johann Christian 1735 sogar Pate stand. Heute ist diese Version der Kantate als BWV 36c bekannt. Am Ende dieser Verwendungsvariante konnte natürlich kein Kirchenchoral stehen, sondern ein von drei Solistenstimmen mit Rezitativen festlich angereicherter Schlusschor. Der unbekannte Textverfasser dieser Version hatte allerdings als Dichter nicht gerade das, was man »eine Sternstunde der Poesie« nennt. Das Beispiel zeigt aber in selten eindeutiger Weise, wie pragmatisch orientiert Bach eine Musik, mit der er sich zufrieden zeigte, einzusetzen vermochte.

All dies bedenkend, muss man zur Überzeugung gelangen, dass es historisch fragwürdig und in ästhetischer oder gar theologischer Hinsicht sogar abwegig erscheint, sich heute ein Libretto für eine Opernproduktion von Johann Sebastian Bach auszudenken, das auf den uns vorliegenden überlieferten Lebensdokumenten sowie auf seinen vokalen Kirchenkompositionen beruhen könnte. Denken wir einmal das folgende Gedankenspiel zu Ende: Der für die Musik verantwortliche Hofmusiker und der Bibliothekar von Schloss Jarmeritz hätten dem Willen und Wunsch ihres Dienstherrn Johann Adam von Questenberg entsprechen wollen und sich darum ausgedacht, wie ein musikalisch-theatralisches Spektakel, basierend auf Musik von Johann Sebastian Bach, für das dortige Schlosstheater im Sommer des Jahres 1750 hätte aussehen können. Sie wären übereingekommen, ihrem Schlossherrn, dem Bachs Musik und Renommee so am Herzen lag, einen Vorschlag für einen glanzvollen Bach-Abend im Schlosstheater zu unterbreiten, und zwar noch bevor die neue Theatersaison in Brünn und in Wien wieder beginnen sollte. Denn die Künstlerschar, jetzt noch in der mährischen Sommerfrische weilend, würde in den Hauptstädten ja bald wieder gebraucht werden. Also sollte dieses »Bach-Theater« wohl als eine Art Kombination und Aneinanderreihung unterschiedlicher Kompositionen vokaler und instrumentaler Natur aus seiner Feder gedacht werden. Idealerweise hätte das Ereignis an einem Wochenende der zweiten Augusthälfte 1750 stattfinden müssen.

Nun aber will es das Unglück, dass J. S. Bach am 28. Juli dieses Jahres in Leipzig stirbt. Die Kunde davon dringt schnell auch bis nach Schloss Jarmeritz, und man hält nunmehr ein vergnügliches Theaterspektakel auf der Schlossbühne für nicht mehr ganz passend und opportun. Die beiden Kunstverantwortlichen geben deshalb ihr Projekt auf, freilich nach Beratung und Rücksprache mit Graf Questenberg. Bereits zwei Jahre später stirbt auch der Schlossherr. Der Niedergang der Musikkultur auf Schloss Jarmeritz setzt rasch, ja geradezu unmittelbar ein. Man darf vielleicht noch hinzufügen, dass es den beiden um Musik und Dichtung bemühten Angestellten des Grafen nicht ganz einleuchten wollte, weshalb man unterhaltende Soireen, die sich in den 20er-Jahren des 18. Jahrhunderts noch einer gewissen Beliebtheit erfreuten, jetzt, mehr als 20 Jahre später, in einem Schlosstheater erneut auftischen sollte. Was konnte man inzwischen mit akademisch verzopften Texten wie Gottscheds von Schmeichelei triefendem »Wettstreit der Tugenden« (1728) anfangen? Oder mit einem Serenaden-Libretto von Metastasio aus dessen römischer Zeit, wie dies »La contesa de' numi – Der Wettstreit der Götter« (1729) war, sprachlich zwar gewiss gekonnt formuliert, jedoch von einem mit auffälligen, ja peinlichen Wiederholungen vollgestopftem Handlungsablauf in die Länge gezogen. Inzwischen hatte doch der Wind längst weit lockerere Töne und luftigere Geschichten aus Italien sogar bis ins mährische Jarmeritz herangeweht!

Die Zeit war gekommen, neu darüber nachzudenken, welche unterhaltsamen anderen Geschichten mit welcher dazu passenden Musik die Menschen inzwischen auf den Theaterbühnen ihrer Städte und ihrer Umgebung erleben wollten. Götterwelten und Versammlungen allegorischer Gestalten im Tugendhimmel verblassten und verschwanden doch allmählich, und dies nicht ganz zu Unrecht. Jetzt kam es darauf an, die andersgearteten Interessen des Publikums zu erringen. Für ein Schlosstheaterabend im herkömmlichen Stil, sogar wenn dabei Bachs Musik zur Aufführung kommen und im Zentrum stehen sollte, schien auch in der höfisch-mährischen Provinz die Zeit inzwischen abgelaufen. So kam es wohl, dass der Traum von einer Bach-Oper für das Schlosstheater von Jarmeritz ein reiner Traum blieb.

Damit kehren wir zurück zu unserer Zeit und zu unseren Eingangsüberlegungen. Wie kann man heute so Bach-gerecht wie Bach-würdig seine unermesslich reiche und vielfältige Musik außerhalb des Kirchenraumes auf den Bühnen der ganzen Welt in den Erlebnishorizont der Bewunderer seiner Kunst bringen?

Nichts entehrt etwas Historisches, wenn man in eigener Zeit daraus etwas macht, das die Intention des Geleisteten weder verdreht noch verfälscht. Eine Bach-Oper im barocken und im modernen Verständnis des Begriffs »Oper« wird es wohl nie geben. Bühnenprojekte hingegen, die auf Musik von Johann Sebastian Bach basieren, sollte und müsste es geben, sogar in unübersehbar großer Fülle und Varietät, in kleinen und großen Opernhäusern und auf allen Theaterbühnen mit hinreichender Infrastruktur. Für das Glück der Menschen wäre es ein unermesslicher Gewinn, wenn Bachs Musik in ihrer Unvergleichbarkeit in klugen und fantasievollen Inszenierungen und theatralischen Darbietungsformen neu hörbar und neu sichtbar würde.

Was man vermuten darf: Es wird eine neue theatralische »Ars combinatoria« von Bach-Musik für die Opernbühnen brauchen. Worin könnte diese bestehen? Im Zentrum müsste mit Sicherheit Bach-Musik stehen, beispielsweise thematisch spezifisch ausgesuchte Kantaten, die einander ergänzen oder kontrastieren, die aber durch einen Rahmen gegenwartsbezogener Texte dramatischer, lyrischer oder erzählerischer Natur neu »kontextualisiert« werden müssen. Dafür sollten Dramaturgen mit Schriftstellerinnen, Bühnen- und Kostümbildnerinnen mit Regisseuren, Interpretinnen mit Dirigenten unterschiedlich operierende Produktionsgruppen bilden, in denen sich solche Bach-Projekte entwickeln und heranwachsen könnten, und dies unter Einbezug aller Möglichkeiten, die ein Opernhaus an musikalischer, szenischer und tanzbezogener Formenvielfalt bietet. Man könnte sich durchaus auch Pasticcio-Formen vorstellen, bei denen man Musik von Bach mit solcher anderer Komponisten und Komponistinnen, zumal solchen unserer Gegenwart, ergänzt. Wünschbar wären doch geradezu »Crazy encounters« zwischen Bachs vokaler und instrumentaler Musik und Tonschöpfungen von Männern und Frauen aus der zeitgenössischen Musikszene. In einem großen Opernhaus wären sogar Projekte mit einem Riesenorchester denkbar, die einem staunenden Publikum in sogenannter »The Conductors' Transcriptions« und Leopold-Stokowski-Manier das Schaudern vor Bachs Musik beibringen. So wie es in der Berliner Philharmonie der Fall war, als Simon Rattle mit den Philharmonikern in einer halb szenischen Version von Peter Sellars Bachs große Passionen aufführte. In kleineren Häusern wird man sich über kammeroperartige Projekte freuen, die man sich auf bescheideneren Bühnen von Bach-Festivals auf dem ganzen Erdglobus doch wünschen würde. Dafür sind freilich offene Intendanten gefragt, die solche Projekte initiieren und bereit sind, sie an begabte Künstlergruppen in Auftrag zu geben. Das wichtigste Ziel solcher Unternehmungen müsste ja sein, einem Opernpublikum in sinnlichster Art und Weise vorzuführen, wie sehr Bach neben aller Kunst und musikalischer Wissenschaft gerade auch *das Leben* geliebt hat, und zwar mit allen seinen Licht- und Schattenseiten.

Fügen wir deshalb zum Abschluss unserer Überlegungen ein Beispiel für denkbare Ansätze zu Bach-Inszenierungen an, zumal auf kleineren Opernbühnen. Man darf sich vorstellen – in Weiterführung des historisch belegten Versuchs von Graf Questenberg im Jahr 1749, von Bach eine Komposition für sein Schlosstheater zu erhalten –, dass sich die beiden heutigen »Musiker und Schriftstellerin in Residenz« in Jaromerice (wie man heute Ort und Schloss korrekt bezeichnen muss) für eine Bach-Produktion auf der Schlossbühne zum anstehenden Sommerfestival in der mährischen Provinz folgenden Plan ausgedacht hätten: Es stehen zwei Kantaten von Bach im Zentrum der geplanten Produktion. Notwendig ist es nun, um die Kernbotschaft der gewählten Kantate einen nicht kirchlich liturgischen, sondern einen musikalisch-literarischen Rahmen zu bauen. Mit überraschenden und augenöffnenden Beziehungen zwischen der Bach-Zeit und heute.

Den ersten »Akt« dieser Produktion könnte man sich unter dem Arbeitstitel »Frauenlob – damals und heute« vorstellen. Im Zentrum stünde Bachs Kantate »Lass, Fürstin, lass noch einen Strahl« (BWV 198), basierend auf Gottscheds Ode auf den Tod der sächsischen Kurfürstin Christiane Eberhardine, die am 5. September 1727 starb und deren Tod landesweite Bestürzung auslöste. Ein adeliger Studierender der Universität Leipzig namens Hans Carl von Kirchbach gab für eine Gedenkfeier in der damaligen Universitätskirche (Paulinerkirche) einen Auftrag an den Leipziger Dichter und an den Komponisten J. S. Bach. Am 17. Oktober desselben Jahres kam es, nach der von August dem Starken verordneten Trauerzeit, dann auch bereits zur Aufführung von Bachs genial umgearbeiteten Strophendichtung des Kollegen zur Kantatenform, bestehend aus drei Chorsätzen, aus drei solistisch besetzten Rezitativen mit Arien für Sopran, Alt und Tenor sowie einem Rezitativ mit eingebautem Arioso für die Bassstimme.

Dieser Stimmenvielfalt gegenüber steht ein opulent besetztes Orchester von fabelhafter instrumentaler Farbigkeit, wie man sich ein Loblied auf die allseits wegen ihrer Glaubenstreue und Prinzipienfestigkeit hoch geachtete Frau nicht festlicher denken kann. Einen Strahl möge die Verstorbene doch aus ihrem himmlischen Jerusalem auf Erden schicken, damit sie die Trauer und die »Tränengüsse« sehe, die ob ihres Todes von Menschen aller Stände vergossen würden. In der Sopranarie »Verstummt, verstummt, ihr holden Saiten!« klagt die Solistin, keine Musik sei fähig, den Schmerz auszudrücken, den dieser Tod ausgelöst habe. Der Schrecken der Totenglocken gehe allen durch »Mark und Adern«, ja weit über die Landesgrenzen hinaus sei die ganze »Europäerwelt« Zeugnis des herrschenden Jammers. Die Fürstin sei aber beherzt, ja vergnügt gestorben, als sie erkannt habe, dass gegen den Tod auch die Stärksten zu schwach seien. Sie sei »vor Gruft und Särgen nicht erbebet«, sondern habe angesichts des Todes Großmut und Einsicht gezeigt. Sie sei, wie der Dichter sagt, ein »Fürbild großer Frauen«. Dies leuchtende Vorbild, das sie im Leben und im Tod gewesen sei, tilge »der Erden Dreckbild«, mache unseren irdischen Tag zur Nacht und lasse dafür ihr Haupt wie verklärt von der Sonne ihrer Verdienste in anderen Sphären erscheinen. In allen Ländern, durch die die Flüsse ihres Herrschaftsgebietes fließen, würde man sich jetzt bewusst werden, dass diese ihre Schönheit eingebüßt hätten, da sie, die wahre »Augenweide«, nicht mehr in ihnen weile. Da die Erinnerung an sie aber, »bis dieser Weltbau einst zerbricht«, weiterlebe, werde auch sie nicht sterben. Die Dichter sollen es aufschreiben und die Lesenden es bis zum Weltenende erfahren: »Sie ist der Tugend Eigentum, / Der Untertanen Lust und Ruhm, / Der Königinnen Preis gewesen.« So hört sich höchstes Frauenlob in der Barockzeit an – von Bachs Musik so festlich geadelt, wie es sonst keine andere zu tun vermochte.

Doch wie lobt man vorbildliche Frauen heute in ehrender und angemessener Weise? In umrahmenden kurzen Sprechdialogen könnten ein Mann und eine Frau – in Schauspielerrollen – die Gedanken von Schriftstellern und Musikern über ein heute wünschbares Frauenbild entwickeln und damit ein selbstkritisch-ironisches modernes Frauenlob anstimmen. Zum Abschluss dieses ersten Teils wäre vor der Pause eine instrumentale Tanzsuite mit originaler Bach-Musik denkbar, eventuell sogar von einigen Solisten der Ballettgruppe des Theaters mitgetanzt.

Im 2. Teil der hier vorgeschlagenen Veranstaltung »J. S. Bach in der Oper« könnte man sich – nach vergleichbarem dramaturgischen Muster – eine szenische, allenfalls auch halb szenische Aufführung der Kantate »Wir müssen durch viel Trübsal« (BWV 146), vielleicht unter dem Titel »Per aspera ad astra – Durch irdische zu stellaren Sphären« vorstellen. Es ist die Kantate eines unbekannten Librettisten, vermutlich 1728 oder kurz davor entstanden, in einer sehr sonderbaren Gestalt. In der vorliegenden Form hat Bach sie für den Sonntag Jubilate, also den dritten Sonntag nach Ostern, komponiert. Ungewöhnlich an der Komposition ist, dass er eine instrumentale »Sinfonia« an den Anfang setzt, und zwar eine uns sehr vertraute Komposition, die wir als den ersten Satz des »d-Moll Cembalo-Konzertes« (BWV 1052) kennen. Hier jedoch wird der virtuose Anteil der Orgel anvertraut. Bach-Experten vermuten, dass dieses Werk ursprünglich sogar ein Violinkonzert war. Es ist eine so zuversichtliche wie festliche Einstimmung für etwas, das man sich wohl als ein Leben in Kümmernis und Trübsal vorstellen soll, das aber für den gläubigen Christen dennoch immer eines der Zuversicht auf Befreiung und Erlösung sein wird.

Der darauffolgende Eingangschor ist ein Meisterwerk an Kompositionskunst. Wie Bach in den bestehenden langsamen Satz eines Instrumentalkonzerts mit einer stimmführenden obligaten Orgel einen vierstimmigen Chor einzuflechten versteht, grenzt an ein Wunder. Das Leiden an irdischem Trübsal wird in einer Weise fassbar, wie es sonst beinah nur in seinen Passionsmusiken der Fall ist. Die darauffolgende Altarie, deren Stimme oft von einer obligaten Violine und nicht mehr von der Orgel sekundiert wird, gibt uns zu verstehen, dass man von der Welt, von diesem »schnöden Sodom«, genug haben kann und keinen anderen Wunsch mehr kennt als: »Ich will nach dem Himmel zu.« Die Sopranstimme tut darauf im Accompagnato-Rezitativ noch einmal ihre Weltverdrossenheit kund – »Ach wäre ich doch schon im Himmel!« –, um dann in einer von Traversflöte und doppelter Oboe d'amore umspielten Tränen-Arie Bachs (»Ich säe meine Zähren / Mit bangem Herzen aus«) zur Überzeugung zu gelangen, dass das eigene Herzeleid sich im Jenseits »am Tage der seligen Ernte« in Herrlichkeit verwandeln wird. Die Tenorstimme fügt rezitativisch hinzu, all das irdische Leiden sei nichts im Vergleich zu den Freuden, die man im Jenseits zu erwarten habe. Nun stimmen Tenor und Bass ein regelrechtes Tanzduett an, begleitet von einem mehrfach wiederkehrenden Orchester-Ritornell: »Wie will ich mich freuen, wie will ich mich laben, wenn alle vergängliche Trübsal vorbei!« Der Chor versichert in einem Schlusschoral, wer in diese Himmelssphäre gelange, sei zu einem Schloss gelangt, »das kein Unglück nie berühret«. Vorbei ist es nun definitiv mit »Trauern, Heulen und Geschrei«. – Hier müssten die Bühnenexperten eines Opernhauses uns inszenatorisch vor Augen führen, wie man visuell die Verwandlung von einem Tränental in ein Himmelsschloss gestaltet. Ballett und instrumentale Orchestermusik kämen zum Abschluss noch einmal zum Einsatz, um das Publikum ahnen zu lassen, wie beglückend bei diesem Komponisten die Freude von befreiten Menschen klingen kann.

Dies ist nur eines unter vielen denkbaren Bach-Projekten, die man für eine Opernbühne einrichten könnte. Bachs

Musik ist »Lebens Sonne, Licht der Sinnen«, wie es in seiner Kantate »Schmücke dich, o liebe Seele« (BWV 180) heißt. Alle Anhänger sollten sich zusammentun, um der Welt vorzuführen, was es für ein Lebensglück ist, dass wir seine Musik haben und hören können. Für heutige Inszenierungen, die Bachs zeitübergreifende Einzigartigkeit bezeugen, können wir nicht mehr den Meister selbst verantwortlich machen. Da müssen sich schon unsere Bach-Experten, Sprachexperten und Bühnenexperten in weiblicher und männlicher Gestalt zusammentun, um gute Lösungen in nicht kirchlichen Räumen und für weltliche Kontexte zu finden. Zu wünschen jedenfalls ist, dass uns viele Projekte bevorstehen, die einen so befreiten wie befreienden Johann Sebastian Bach entdecken lassen. Einen Komponisten, der in allen Kontinenten und in allen denkbaren Gebäuden der Welt mit jeder Musik aus seiner Feder zum die Lebenszuversicht verstärkenden Ereignis werden kann. Bachs musikalischer Genius muss für unsere und für kommende Generationen in noch nicht erprobten und noch unvertrauten Formen sinnlich und geistig erkundet und erfahrbar gemacht werden. Das ist unsere gegenwärtige Herausforderung, die wir ihm schuldig sind.

BWV 244a
Kantate | »Köthener Trauermusik«
Raphaël Pichon

BWV 146
Kantate | »Wir müssen durch viel Trübsal«
Raphaël Pichon

Anhang

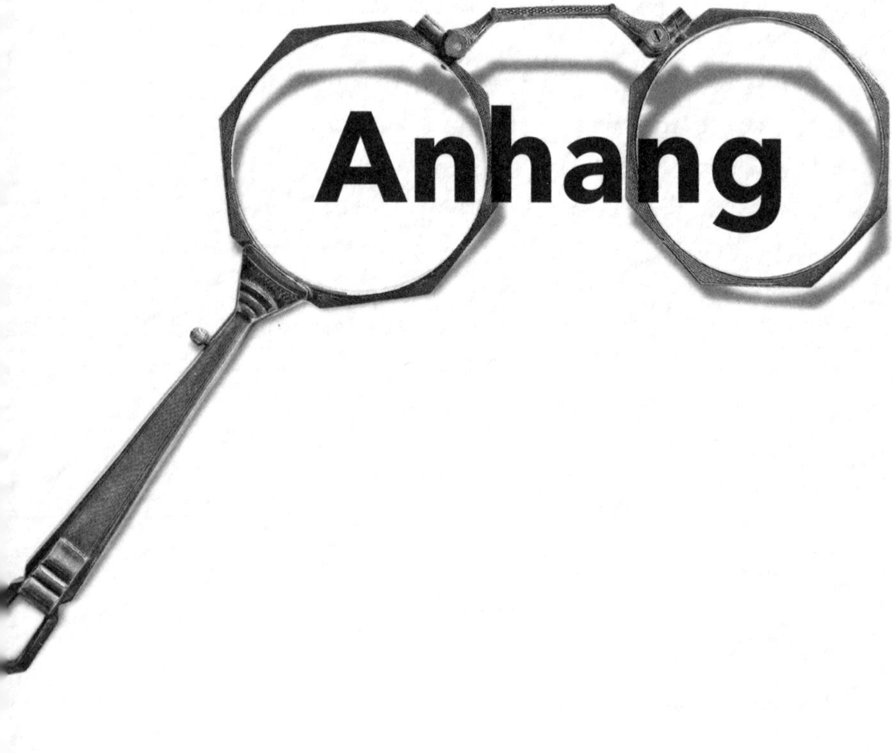

Literatur- und CD-Verzeichnis

A. Ausgewählte Literatur zu Johann Sebastian Bach

David, Hans T.; Mendel, Arthur; Wolff, Christoph (Hg.): *The New Bach Reader – A Life of Johann Sebastian Bach in Letters and Documents,* W. W. Norton & Company, New York 1998.

Dürr, Alfred: *Die Kantaten von Johann Sebastian Bach,* Mit ihren Texten, Band 1 und 2, Deutscher Taschenbuch Verlag/ Bärenreiter Verlag, München/ Kassel 1985.

Dvorakova, Jana: »Die Musikkultur von Schloss Jarmeritz und Frantisek Miča (1694–1744)«, in: *Studien zur Musikwissenschaft,* 44. Bd. (1995), S. 83–111.

Flossmann, Paul: *Picander (Christian Friedrich Henrici),* Inaugural-Dissertation Universität Leipzig, Liebertwolkwitz-Leipzig 1899.

Gardiner, John Eliot: *Bach – Music in the Castle of Heaven,* Alfred A. Knopf, New York 2013. – Deutsche Ausgabe: *Bach – Musik für die Himmelsburg,* Hanser Verlag, München 2016.

Geck, Martin: *»Denn alles findet bei Bach statt« – Erforschtes und Erfahrenes,* Verlag J. B. Metzler, Stuttgart 2000.

Geck, Martin: *B-A-C-H, Essays zu Werk und Wirkung,* Hg. Reinmar, Emans, Georg Olms Verlag, Hildesheim 2016.

Geck, Martin: *Die Bach-Söhne,* Rowohlt Taschenbuch Verlag, Hamburg 2003.

Gottsched, Johann Christoph: *Versuch einer critischen Dichtkunst,* Hg. Michael Holzinger, Berliner Ausgabe, Reihe Holzinger, Berlin 2013.

Grimm, Hartmut: »Affekt«, in: *Ästhetische Grundbegriffe,* Bd. 1, Verlag J. B. Metzler, Stuttgart 2000.

Häfner, Klaus: *Aspekte des Parodieverfahrens bei Johann Sebastian Bach, Beiträge zur Wiederentdeckung verschollener Vokalwerke,* Laaber Verlag, Laaber 1987.

Hamann, Gerd: *Alcina – oder wie verstehe ich Händel? – Ein Streifzug durch die barocke Oper,* Books on Demand GmbH, Norderstedt 2008.

Kleßmann, Eckart: *Georg Philipp Telemann,* Ellert & Richter Verlag, Sonderausgabe, Hamburg 2015.

Kreller, Dorit: *Venezianische Opernkultur im 17. und 18. Jahrhundert – Karneval und Commedia dell'Arte als »Zündstoff« der Barockoper in Venedig,* VDM Verlag Dr. Müller, Saarbrücken 2008.

Leisinger, Ulrich (Hg.): *Bach in Leipzig – Bach und Leipzig,* Georg Olms Verlag, Hildesheim 2002.

Mai, Klaus Rüdiger: *Die Bachs – Eine deutsche Familie,* Ullstein, Propyläen Verlag, Berlin 2013.

Marissen, Michael: *Bach & God,* Oxford Univeristy Press, New York 2016.

Marshall, Robert L.; Marshall, Traute M.: *Exploring the World of J. S. Bach – A Travellers Guide,* University of Illinois Press, Chicago 2016.

Maul, Michael: *Barockoper in Leipzig (1693–1720),* Rombach Verlag, Freiburg i. Br. 2009.

Möller, Hartmut; Stephan, Rudolf (Hg.): *Die Musik des Mittelalters,* Neues Handbuch der Musikwissenschaft, Band 2, Wissenschaftliche Buchgesellschaft, Darmstadt, Lizenzausgabe 1997.

Pečmann, Rudolf: »Jaroměřce nad Rokytnou als Zentrum der Opernpflege im 18. Jahrhundert«, in: *Studia minora Facultatis Philosophicae Universitatis Brunensis,* Reihe H31, 1996, S. 7–13.

Rathey, Markus: *Bach's Major Vocal Works – Music, Drama, Liturgy,* Yale University Press, New Haven 2016.

Rogasch, Wilfried: *Schlösser & Gärten in Böhmen und Mähren,* Verlag h. f. ullmann, Potsdam 2013. Darin: Jarmeritz, Eine Wiege barocken Musikschaffens, S. 184–191.

Schäfer, Christian; Thurner, Martin (Hg.): *Passiones animae – Die »Leidenschaften der Seele« in der mittelalterlichen Theologie und Philosophie,* Akademie Verlag, Berlin 2009.

Schulze, Hans-Joachim: *Die Bach-Kantaten – Einführungen zu sämtlichen Kantaten Johann Sebastian Bachs,* Evangelische Verlagsanstalt GmbH, Leipzig 2006.

Varchi, Benedetto: *Paragone – Rangstreit der Künste,* Italienisch und Deutsch, übersetzt und kommentiert von Oskar Bätschmann und Tristan Weddigen, Wissenschaftliche Buchgesellschaft, Darmstadt 2013.

Wersin, Michael: *Händel & Co. – Die Musik der Barockzeit,* Reclam Taschenbücher, Stuttgart 2009.

Wiegmann, Hermann (Hg.): *Die ästhetische Leidenschaft, Texte zur Affektenlehre im 17. und 18. Jahrhundert,* Georg Olms Verlag, Hildesheim 1987.

Williams, Peter: *Bach – A Musical Biography,* Cambridge University Press, Cambridge UK 2016.

Wolff, Christoph: *Johann Sebastian Bach,* S. Fischer Verlag, Frankfurt a. M. 2000.

Zavarsky, Ernest: *Johann Sebastian Bach – Das Leben, das Werk, das Leben des Werkes,* im Selbstverlag, Bratislava 2004.

Zedler, Günther: *Die Kantaten von Johann Sebastian Bach – Eine Einführung in die Werkgattung,* Books on Demand GmbH, Norderstedt 2011.

Zedler, Günther: *Die erhaltenen Kantaten Johann Sebastian Bachs (Spätere Sakrale und Weltliche Werke) – Besprechungen in Form von Analysen – Erklärungen – Deutungen,* Books on Demand, Norderstedt 2009.

B. Liste von erwähnten CD- und DVD-Einspielungen

Werke von Johann Sebastian Bach:

Von den geistlichen Kantaten Bachs gibt es inzwischen mehrere Gesamteinspielungen oder Projekte, innerhalb welcher solche noch geplant und am Entstehen sind. Ich orientierte mich dabei vor allem an den CD-Gesamt-Einspielungen der jüngeren Zeit, also jenen von John Eliot Gardiner, Ton Koopman, Suzuki Masaaki und Rudolf Lutz.

Ergänzende Aufnahmen einzelner Kantaten:

Johann Sebastian Bach, Weltliche Kantaten, Berliner Solisten, Kammerorchester Berlin, Peter Schreier, Berlin Classics, 1977–1985, 8 CDs, 2008.

Johann Sebastian Bach, Secular Cantatas, RIAS Kammerchor, Akademie für Alte Musik Berlin, René Jacobs. Harmonia mundi, 1996/2014.

Johann Sebastian Bach, Cantatas BWV 208 »Jagdkantate« & 212 »Bauernkantate«, Concentus musicus Wien, Nikolaus Harnoncourt, Das Alte Werk, Teldec Classics, 1990.

Einspielungen von Ariensammlungen von J. S. Bach (in chronologischer Reihenfolge):

Cantates pour Alto, René Jacobs, Ensemble 415, harmonia mundi, 1988.

Arias, Magdalena Kožená, Musica Florea, Marek Štryncl. Archiv production, 1997.

Cantates & Arias, Ian Bostridge, Europa Galande, Fabio Biondi, Veritas – Vergin, 2000.

Dialogue Cantates, Thomas Quasthoff, Dorothea Röschmann, Berliner Barocksolisten, Rainer Kussmaul, 2007.

Magdalena Kožená singt Bach, verschiedene Ensembles und Dirigenten, Deutsche Grammophon, 2010.

Bach, Une cantate imaginaire, Nathalie Stutzmann, Orfeo 55, Deutsche Grammophon 2012.

J. S. Bach »Arias«, Nuria Real, Kammerorchester Basel, Julia Schröder, deutsche harmonia mundi, 2013.

Bachs schönste Arien, Verschiedene Solisten, Ensembles und Dirigenten, Deutsche Grammophon, 2015.

J. S. Bach, Kantaten für Solo-Sopran, Dorothee Mields, L'Orfeo Barockorchester, Michi Gaigg, Carus Verlag – SWR2, 2015.

J. S. Bach, A Choral Year with Bach, Masaaki Suzuki, Bach Collegium Japan, BIS, 2010.

Als Beispiele für eine rein instrumentale Transkription von Bachmusik kann man hier nennen:

J. S. Bach, Lieder ohne Worte, Transkriptionen für Oboe und Orchester, Albrecht Mayer, Oboe und Leitung, Sinfonia Varsovia, Deutsche Grammophon, 2003.

J. S. Bach, The Silent Cantata, Bach-Arien ohne Worte, Burak Ozdemir, Fagott und Leitung, Musica Sequenza, deutsche harmonia mundi, Sony Music, 2013.

Erwähnte Aufnahmen anderer Komponisten der Barockzeit:

Baroque Opera. Verschiedene Komponisten, 39 CDs und 3 DVDs, harmonia mundi, 2013.

Johann Christian Bach, Zanaida (1763), Opera Fuoco, David Stern, Outhere Music France, 2012.

Johann Christian Bach, Amadis de Gaule, Solamente Naturali Bratislava, Musica Florea Prague, Ensemble vocal Musica Florea,

Didier Talpin, Editiones Singulares, Madrid 2012.

Georg Friedrich Händel, Occasional Oratorio, Chor des Bayerischen Rundfunks, Akademie für Alte Musik Berlin, Howard Arman, BR Klassik, 2017.

George Frideric Handel, Semele, Monteverdi Choir, English Baroque Soloists, John Eliot Gardiner, Erato, 1983. – Neueste CD-Aufnahme von John Eliot Gardiner: Soli Deo Gloria, 2020. – Als DVD-Aufnahme: Opernhaus Zürich, William Christie / Robert Carsen, Decca 2007.

Johann Adolf Hasse, Cleofide, Fassung der Dresdner Uraufführung von 1731, Capella Coloniensis, William Christie, Capriccio / WDR, 2011.

Georg Philipp Telemann, Germanicus, rekonstruiert und eingerichtet von Michael Maul, Sächsisches Barockorchester, Gotthold Schwarz, Co-Production cpo/Deutschlandfunk Kultur, 2011.

Antonio Vivaldi, L' Olimpiade, Concerto Italiano, Rinaldo Alessandrini, Opus111, 2002.

Aus dem »Bach-Werk-Verzeichnis« (BWV) erscheinen hier nur jene Werke auch als QR-Code, die für den Gedankengang des Buches ein besonderes Gewicht haben und eine Besprechung erfahren, die sowohl die Struktur des Werkes als auch kompositorisch interessante Details betreffen.

Jedes Werk von J. S. Bach, das im Buch erwähnt wird, kann auf YouTube mit der Eingabe von BWV und der dazugehörigen Werknummer gefunden und fast immer in mehreren unterschiedlichen Interpretationen akustisch erlebt werden.

Opernfreunde gelangen durch Eingabe des Namens des Komponisten und des Werktitels ebenso zu den besprochenen Werken anderer Komponisten aus der Barockzeit.

Personenregister

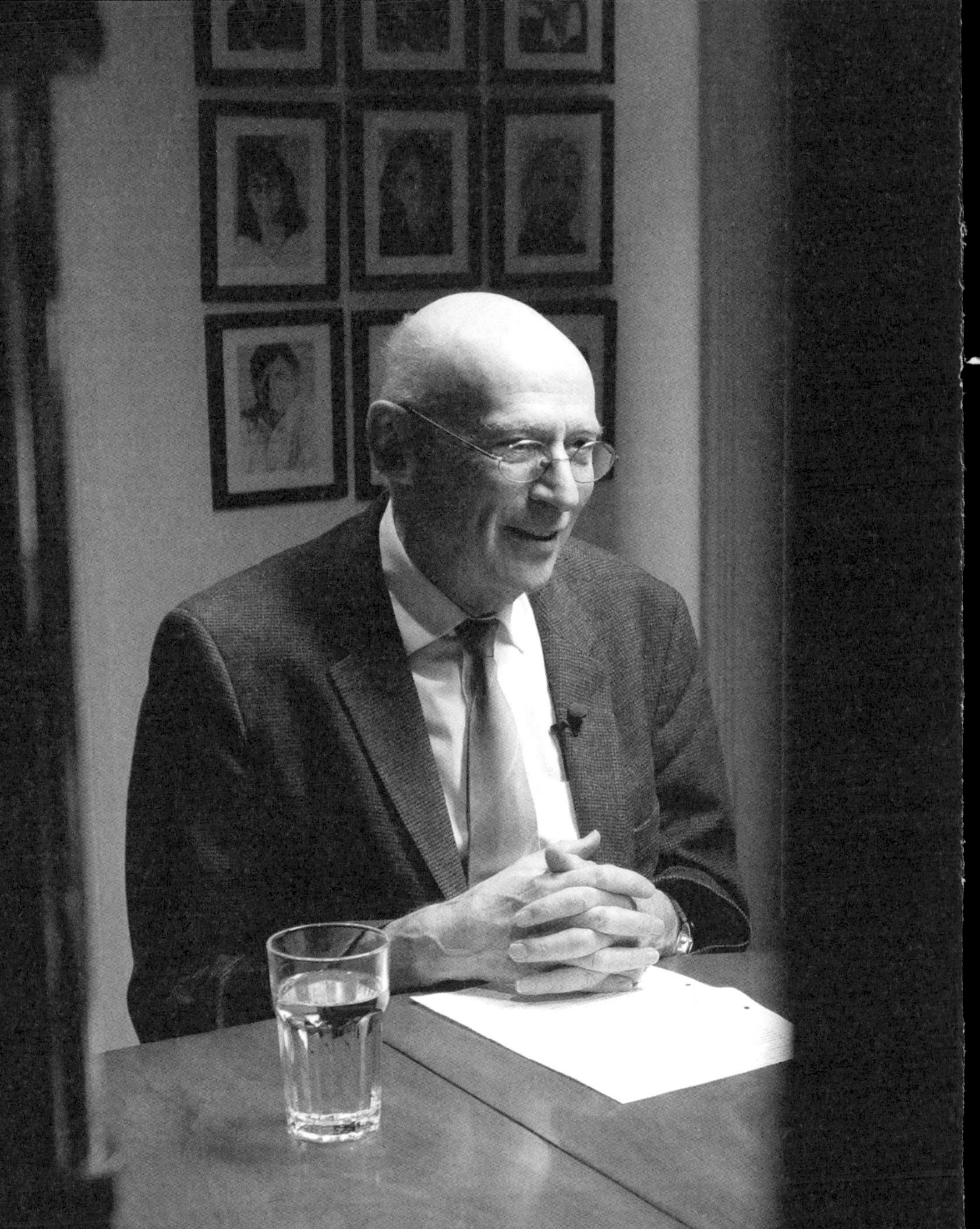

Regelmäßig erscheint ein Video mit einem rund zehnminütigen Gespräch mit unseren Autor:innen. Wir sprechen mit ihnen über die Themen ihrer Bücher: sachlich, aufschlussreich, auf den Punkt gebracht.

Scannen Sie den QR-Code mit Ihrem Smartphone oder Tablet ein und lassen Sie sich von unseren Videos begeistern.

Foto: Iso Camartin im Gespräch mit Anne Rüffer zum Buch »Warum Johann Sebastian Bach keine Oper schrieb«.

https://ruefferundrub.ch/video

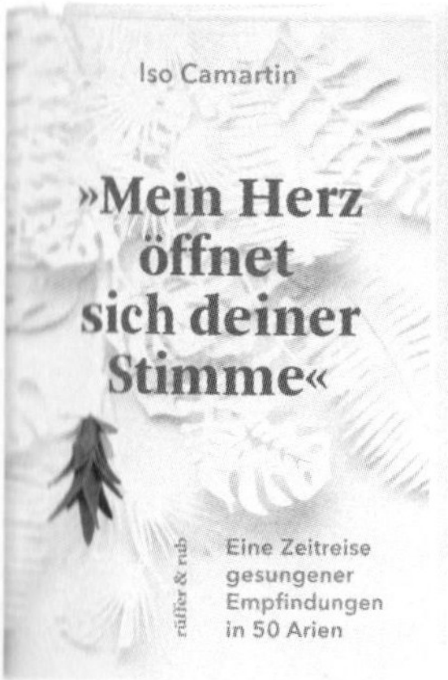

Iso Camartin

»Mein Herz öffnet sich deiner Stimme«

Eine Zeitreise gesungener Empfindungen in 50 Arien

256 Seiten | Hardcover
ISBN 978-3-906304-79-3

Gespräch mit Iso Camartin zum Buch »Mein Herz öffnet sich deiner Stimme«

In diesem Buch geht es um die Kunst des Singens, des Darstellens, des Gestaltens auf der Opernbühne und im Konzertsaal. In den ausgewählten 50 Arien aus Opern, Oratorien und Kantaten vom 17.–20. Jahrhundert sind Schlüsselmomente musikalischer Erfahrungen und Empfindungen dargestellt, Gefühle und Leidenschaften, wie sie die Musik unmittelbarer als jede andere Kunst bereithält.

In diesen Arien taucht Liebe auf als Eifersucht, Hass und Rachsucht, vor allem aber als ein das Leben durchpulsendes Glück, als Traum, als Vision und als letztlich einzige sinngebende Zukunftserwartung. Liebe ist das Grundelement heldenhafter Aufopferung ebenso wie jenes tief empfundener Zuneigung, Liebe gibt es aus zukunftsorientierter Abenteuerlust wie aus entsagender Einsicht, kurzum: Liebe ist das wichtigste Beweismittel, dass das Dasein lebenswert ist.